베트남인을 위한

비즈니스 한국어 중급

베트남인을 위한

비즈니스 한국어 중급

| 김재욱 · 진정란 · 안정민 · 정회란 |

HUINE

BUSINESS KOREAN

Published in Republic of Korea by HUINE, an imprint of Hankuk University of Foreign Studies University Knowledge Press, Seoul.

http://press.hufs.ac.kr

머리말

한국 기업의 해외 진출이 확대되고 한국 상품에 대한 세계인들의 관심이 점점 높아지고 있다. 이에 따라 해외에 진출한 한국 기업과 한국어 학습자들의 비즈니스 한국어에 대한 요구도 증가하고 한국어 학습자들을 대상으로 하는 비즈니스 한국어 교재에 대한 필요성이 대두되고 있다. 이러한 해외 비즈니스 현장에서의 요구를 반영하여 한국어 교육에 대한 전문적인 이론과 경험을 갖춘 한국외국어대학교 및 사이버한국외국어대학교의 한국어 교육 전공 교수와 선생님들이 뜻을 모아 '베트남인을 위한 비즈니스 한국어'를 출판하였다.

특히 이번에 집필한 '베트남인을 위한 비즈니스 한국어'는 한국과 비즈니스 측면에서 매우 밀접한 관계에 있는 베트남에서 공부하는 한국어 학습자들을 대상으로 한 것으로, 현재 베트남에서 근무하고 있는 기업의 근로자들이 한국어를 습득하여 비즈니스 환경에서 한국어를 구사하기 위한 목적으로 개발되었다. 베트남에 진출한 한국 기업의 현장에서 한국어로 의사소통해야 하는 상황이 증가함에 따라 비즈니스 한국어에 대한 관심도 높아지고 있어 이를 위한 단계별 한국어 교재를 집필하게 된 것은 매우 의미 있는 일이라고 할 수 있다.

'베트남인을 위한 비즈니스 한국어'는 베트남 비즈니스 학습자를 위한 한국어 교재로, 주 교재와 활용 교재로 구분된다. 주 교재와 활용 교재는 각 과마다 같은 주제의 내용으로 구성되어 있으며, 두 교재를 함께 학습한다면 학습 목표를 이루는 데에 큰 효과를 거둘 수 있을 것이다.

주 교재에서는 어휘와 문형, 대화 등의 집중 학습을 통해 한국어의 입력에 중점을 두었다. 이를 위해 다양한 비즈니스 특징을 살린 어휘와 문형을 배열하여 기업 현장에서 활용할 수 있는 실제적인 내용들로 구성하였다. 활용 교재에서는 주 교재에서 습득한 어휘와 문형을 활용하여 비즈니스 현장에서의 말하기, 듣기, 읽기, 쓰기를 학습할 수 있도록 구성하였으며 한국어 능력에 따라 필요한 여러 가지 유형의 비즈니스 의사소통 기능을 집중적으로 향상시키는 것에 초점을 맞추어 개발하였다.

또 '베트남인을 위한 비즈니스 한국어'의 대화는 그 속에 등장하는 각 인물들이 한국 기업에 입사해서 생활하는 스토리로 이루어져 있어 비즈니스 한국어 학습자의 학습 동기 유발을 위한 흥미 요소로서의 작용뿐만 아니라 실제 한국 회사 생활에 적응하는 데에도 도움이 될 수 있어 비즈니스 한국어 교육 현장에서 높은 활용도를 보일 것으로 기대한다.

끝으로 많은 수고와 노력을 기울여 완성도 높은 교재를 개발한 사이버한국외국어대학교 한국어학부 진정란 교수님, 박기선 교수님, 노채환 교수님, 한국외국어대학교 KFL대학원 안정민 교수님, 송은정 선생님, 정회란 선생님에게 고마움을 전한다. 그리고 이 교재가 출판되기까지 여러모로 애써주신 한국외국어대학교 지식출판콘텐츠원 관계자 분들과 여러 분들에게도 다시 한번 깊은 감사를 드린다.

한국외국어대학교 KFL대학원장
김재욱

일러두기

'베트남인을 위한 비즈니스 한국어'는 베트남에 진출한 한국 기업에서 근무하거나 근무하고자 하는 한국어 학습자의 비즈니스 한국어 의사소통 능력 신장을 위한 실제적인 교재로 개발되었습니다.

집필 방향

- 본 교재는 비즈니스 한국어 '입문', '초급', '중급' 단계로 개발되었으며, 각 단계별 교재는 주 교재와 활용 교재 두 권으로 분리하였습니다.

- 주 교재는 정확성 향상을 위한 한국어 어휘 및 문법 등 한국어 지식에 대한 학습이 주를 이루며 비즈니스 현장의 상황으로 이루어진 대화문을 통해 내용, 주요 표현·발음 등을 이해하는 데에 초점을 맞추어 집필하였습니다.

- 활용 교재는 주 교재에서 배운 내용을 바탕으로 실제 비즈니스 한국어 환경에서 활용할 수 있는 사용 단계로, 비즈니스 현장에서 요구되는 말하기, 듣기, 읽기, 쓰기의 능력을 고루 향상시킬 수 있도록 집필되었습니다.

- 주 교재의 문법 및 표현의 선정과 배열 등은 '국제 통용 한국어교육 표준 모형'과 '한국어능력시험(TOPIK)'을 참고하여 일반 목적 한국어 교육의 기본적인 숙달도 단계를 존중하고 있습니다. 그러나 비즈니스 현장에서의 요구를 반영하는 것을 우선으로 하여 집필하였으므로 주제, 어휘, 문법, 기능, 상황 등의 선정 및 배열에서 일반 목적 한국어 교육과 차이를 보입니다.

- 주 교재에서는 생산직 근로자 또는 사무직 근로자가 한국인과 함께 근무하면서 근로 현장에서 접할 수 있는 상황과 표현을 중심으로 개발하였으며, 공적인 담화와 사적인 담화를 모두 포함시켜 구성하였습니다.

- 주 교재는 한국어의 정확성과 유창성을 향상시키기 위해 한국어 어휘, 문법, 발음과 관련된 한국어 지식과 함께 말하기, 듣기, 쓰기, 읽기 등 실질적인 연습 및 활용을 위한 과제를 모두 포함시켰습니다.

교재 내용 구성

- 본 교재는 '베트남인을 위한 비즈니스 한국어 입문'과 '베트남인을 위한 비즈니스 한국어 초급', '베트남인을 위한 비즈니스 한국어 중급'으로 구성되어 있으며, 각 단계는 25개의 과로 이루어져 있습니다.

- 주 교재와 활용 교재의 1개 과는 기본적으로 4시간의 수업 내용들로 구성하여 1개 과를 모두 학습하는 데에 8시간이 소요됩니다. 물론 학습 현장 상황에 따라 수업 시간의 조절이 가능하며, 학습자의 학습 진도에 따라 수업 시간을 유연하게 적용할 수 있습니다.

- '베트남인을 위한 비즈니스 한국어 입문'의 주 교재는 1과부터 5과까지는 한글 자모에 대한 학습으로 이루어져 있고, 활용 교재는 한글편 단원이 없이 6과부터 시작합니다.

- 주 교재의 첫 페이지는 학습목표와 삽화, 질문으로 구성되어 있습니다. 삽화를 통해 해당 상황에 대한 이야기를 나누면서 학습자에게 해당 과의 주제와 어휘를 노출할 수 있으며 배경 지식을 형성할 수 있습니다. '어휘'는 비즈니스 상황에 어울리는 주제에 맞추어 한국어 어휘장과 그에 따른 예문이 제시되고 있고, 연습도 함께 구성되어 있습니다. '문법'은 한국어 문법의 의미와 예문, 형태, 주의점 등이 베트남어와 한국어로 함께 제시되어 있으며 해당 문법에 대한 연습 문제도 구성되어 있습니다. '대화'는 해당 과의 주제에 맞는 자연스러운 한국어 대화로 이루어져 있으며 해당 과에서 학습한 문법과 어휘가 포함되어 있습니다.

- 활용 교재 '입문'과 '초급' 단계의 '듣고 말하기'는 주 교재의 대화문과 동일한 내용으로 구성되어 있는데, 이는 기본 대화문을 활용하여 다양한 소재와 내용으로 말하기를 확장 연습하는 단계입니다. 대화문의 주요 표현을 다양한 내용으로 교체하여 연습하고 질문에 대답함으로써 유의미한 말하기 연습을 진행할 수 있습니다. 또한 들은 내용을 이해하고 직접 받아써 봄으로써 한국어 의사소통 능력을 고루 신장할 수 있습니다. 더불어 듣기와 말하기 과제가 추가되어 실제적인 의사소통 상황에 대한 연습이 가능합니다. '읽고 말하기'는 읽기 담화와 연결된 말하기 연습으로 구성되어 있으며 '읽고 쓰기'는 읽기 담화와 연결된 쓰기 연습으로 구성되어 기능별 통합 교재로서의 특징을 보이고 있습니다.

- 활용 교재 '중급' 단계의 '말하기'는 '입문'과 '초급' 단계의 '듣고 말하기'와 같이 주 교재의 대화문과 동일한 내용으로 구성되어 있는데, 중급 대화문에 나온 주요 표현들을 활용하여 문장을 생성해 보고 주제와 관련된 이야기를 나눌 수 있습니다. '듣고 말하기'는 해당 과의 주제 또는 기능과 관련된 듣기 활동으로 구성되어 있습니다. '읽고 쓰기'는 비즈니스 현장에서 쓰이는 실용 텍스트뿐만 아니라 회사 생활을 통해 경험할 수 있는 내용이 담긴 다양한 읽기 텍스트와 이를 확장한 쓰기 활동으로 구성되어 있습니다.

베트남인을 위한

비즈니스 한국어 중급

목차

중급 교재구성표

단원	제목	주제
1과	투안 대리가 없는 동안 업무에 차질이 생기지 않도록 신경 써 주세요	부재중 업무 대리
2과	일은 할 만해요?	인턴 사원에게 새로운 업무 부여
3과	파일을 확인하다가 실수로 지워 버렸어요	인턴 사원의 업무 실수
4과	손님들이 공항에 도착하자마자 식당으로 모시도록 하세요	한국 업체의 방문
5과	한국에서 중요한 손님이 오시거든요	식당 예약
6과	방은 바다가 보이는 쪽으로 예약했습니다	숙소 안내
7과	투안 씨가 지각할 리가 없는데요	사고와 안부 확인
8과	큰일 날 뻔했네요	병문안
9과	교통사고 당했다면서?	안부
10과	저희 제품이 좋은 평가를 받았다니 기쁩니다	계약 전
11과	열심히 노력하더니 좋은 일이 생겼네요	보람, 칭찬
12과	사용하시다가 보면 무척 만족하실 겁니다	가격 협상과 계약 체결
13과	성능 향상이야말로 가장 신경 써야 할 부분입니다	TF 회의

어휘	문법1	문법2
…적	말고	-는 동안
팀워크	-(으)ㄹ 만하다	-거나
최…	-다가	-어/아 버리다
공항	-자마자	-어/아 놓다
식당 예약	-었으면/았으면 좋겠다	거든요
피동 표현	피동사	-어/아 있다
교통사고	-대요/래요/재요/내요	-(으)ㄹ 리가 없다
병문안과 위로 인사	-(으)ㄹ까 봐	-(으)ㄹ 뻔하다
안부와 근황	-다면서(요)	반말
제품 평가	-다니(까)	에 대해(서)
…력	-더니	-기는(요)
가격 협상	-(으)ㄹ 뿐만 아니라	-다(가) 보면
사동 표현	사동사	(이)야말로

단원	제목	주제
14과	눈길을 끄는 노트북들이 많던데요	시장 조사
15과	성능이 좋은데도 소비자의 외면을 받고 있습니다	제품 분석 결과 회의
16과	요구 분석 결과를 살펴봤더니 무게가 가장 중요한 것으로 나타났습니다	아이디어 회의
17과	이 개발안대로 상부에 보고하겠습니다	아이디어 확정 회의
18과	제품명 공모에 참가해 보지 그래요?	공모전 및 홍보
19과	다른 업무를 처리느라고 미처 못했어요	업무 갈등
20과	사용할수록 우리 제품의 매력에 빠질 것입니다	프레젠테이션
21과	고생 끝에 낙이 온다더니 드디어 신제품이 나오네요	화해와 격려
22과	모르는 사람이 없을 정도라고 합니다	언론사와의 인터뷰
23과	앞으로도 계속 발전해 갈 것입니다	연설
24과	아무래도 둘이 사귀는 모양이에요	연애
25과	바쁘시더라도 오셔서 축하해 주시면 감사하겠습니다	결혼식

어휘	문법1	문법2
관용 표현 ('눈')	-(으)ㄴ가/나 보다	-던데요/-던가요
…자	-(으)ㄴ데도/는데도	(으)로 인하여
관용 표현('손, 발')	-(으)ㄴ/는 반면에	-었더니/았더니
상, 하	대로	-(으)ㄴ/는 데다가
… 품	-(으)ㄹ 텐데	-지 그래요
질책과 사과	-느라(고)	-(으)ㄹ 수밖에 없다
신…	-(으)ㄹ수록	-(으)ㄹ지도 모르다
속담	-다더니	-(으)ㄹ걸
성공 요인	와/과 다르게/달리	-(으)ㄹ 정도로
사회 및 연설	-어/아 가다/오다	-고자
소문	-대서	-(으)ㄴ/는 모양이다
결혼	-더라도	-(으)ㄴ/는 만큼

01 투안 대리가 없는 동안 업무에 차질이 생기지 않도록 신경 써 주세요

1 이 사람들은 무엇을 하고 있습니까?

2 승진을 하면 무엇이 달라집니까?

학습 목표

- 주제: 부재중 업무 대리
- 어휘: …적
- 문법: 말고, -는 동안

어휘

…적

적극적	소극적	긍정적	부정적
이성적	감성적	외향적	내성적
개인적	이기적	대표적	효과적

- 그 직원은 영업팀에 있을 때는 **적극적**이었지만 총무팀에 가서 **소극적**인 모습만 보였습니다.
- 안 된다고 생각하는 **부정적**인 마음을 버리고 할 수 있다고 생각하는 **긍정적**인 마음으로 최선을 다해 주세요.
- 지금은 화가 나서 **이성적**으로 생각하기가 어렵네요.
- 어머니는 **감성적**인 사람이라서 슬픈 드라마를 보면서 자주 울어요.
- 저는 **외향적**이라서 주말마다 친구들과 만나서 놀러 가는데 제 동생은 내성적이라서 주말에는 항상 집에서 쉬고 싶어 해요.
- 죄송하지만 그런 **개인적**인 질문에는 대답하지 않겠습니다.
- **이기적**인 직원 한 명 때문에 팀 전체 분위기가 나빠졌어요.
- 김치는 한국의 **대표적**인 음식이에요.
- 이 프로그램은 영업 실적을 정리하는 데에 **효과적**입니다.

- 모습을 보이다
- 최선을 다하다
- 분위기

어휘 연습

1. [보기]와 같이 반대말을 찾아서 연결하세요.

[보기]	적극적 •	• 소극적	
(1)	외향적 •	• 감성적	
(2)	이성적 •	• 내성적	
(3)	긍정적 •	• 부정적	

2. [보기]와 같이 알맞은 말을 골라 쓰세요.

적극적 부정적 대표적 내성적

[보기] 가: 우리 팀에서 저만 일을 못하는 것 같아요.
나: 너무 부정적으로 생각하지 마세요. 지금도 잘하고 있어요.

(1) 가: 한국의 ________ 관광지는 어디예요?
나: 제주도예요. 아주 아름다우니까 꼭 한번 가 보세요.

(2) 가: 저 사람은 성격이 어때요? 조용한 것 같은데요.
나: 네. 혼자 있는 걸 좋아하더라고요. 성격이 ________.

(3) 가: 그 여자가 나를 싫어하면 어떻게 하지요?
나: 그렇게 걱정만 하지 말고 ________ 말해 보세요.

문법1

말고

(명사에 붙어) 선행 명사가 아니라 후행 명사를 선택할 때 사용하는 표현으로 '이/가 아니라 뒤의 것'이라는 뜻이다.

(Gắn vào danh từ) Là cấu trúc ngữ pháp được dùng khi lựa chọn danh từ ở phía sau chứ không phải là danh từ ở phía trước, biểu hiện này có ý nghĩa 'không phải là··· mà là···.'

- 가: 한국에서 이름을 쓸 때 빨간색으로 써도 돼요?
  나: 아니요. 빨간색 말고 다른 색으로 써야 해요.
- 가: 프엉 씨, 우리 콜라를 마실까요?
  나 : 콜라 말고 맥주를 마시고 싶어요.
- 커피 말고 주스 주세요.
- 지금은 길이 막히는 시간이라서 버스 말고 지하철을 타려고 해요.

★'을/를 제외하고'의 의미로도 쓰인다. 만약 후행 명사 뒤에 조사 '도'와 함께 쓰인다면, 선행 명사와 후행 명사를 모두 포함할 때 사용할 수 있다.

Nó còn được dùng với ý nghĩa là 'Ngoại trừ···'. Nếu danh từ phía sau có trợ từ 'cũng (도)' thì nó có thể dùng với ý nghĩa là bao gồm cả danh từ phía trước và danh từ phía sau.

- 저는 아침 말고 저녁에도 운동해요.
- 고향에 가면 가족 말고 친구들도 만날 거예요.
- 입고 확인서는 저 말고 다른 직원들한테도 있어요.

문법 연습1

1. [보기]와 같이 쓰세요.

[보기]

× ○

등산할 때는 구두 말고 운동화를 신어야 돼요.

(1) 

× ○

이번 여행은 ________________ 싶어요.

(2) 

× ○

졸업 선물로 ________________ 사 주세요.

(3) 

○ ○

오늘 회의 때 ________________ 오실 거예요.

(4) 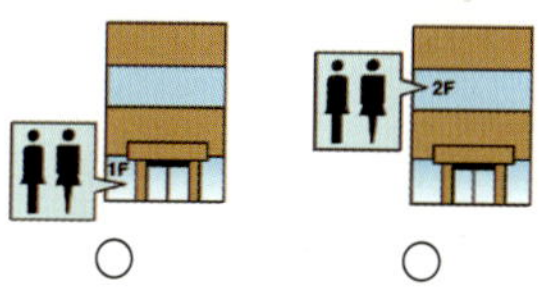

○ ○

화장실은 ________________ 있어요.

2. [보기]와 같이 쓰세요.

[보기] 가: 투안 씨한테 남동생이 있어요?
나: 네. 남동생 말고 여동생도 있어요.

(1) 가: 프엉 씨 출장이 내일이에요?
나: 아니요. ________________________________.

(2) 가: 입고 확인서를 담당자에게 제출했어요?
나: 담당자가 없어서 ________________________________.

(3) 가: 거래처에 홍보물만 보내면 돼요?
나: 아니요. ________________________________.

(4) 가: 요즘도 배구를 배워요?
나: 네. ________________________________.

문법2

-는 동안

(동사나 '있다, 없다, 계시다'에 붙어) 어떤 행위가 계속되는 시간을 나타낸다. 언제부터 언제까지의 시간적 사이를 나타내며, 주절에는 그 시간에 해당되는 어떤 행위나 상태가 온다.

(Gắn vào động từ hoặc '있다 (có)', '없다 (không có)', '계시다 (có ở)') Thể hiện hành động nào đó diễn ra trong thời gian liên tục. Nó thể hiện khoảng thời gian từ khi nào đến khi nào và sẽ có một hành vi hay trạng thái nào đó tương ứng với khoảng thời gian ấy sẽ diễn ra trong mệnh đề chính.

- 가: 늦어서 죄송해요.
  나: 괜찮아요. 기다리는 동안 음악을 들었어요.
- 가: 그 책이 그렇게 감동적이에요?
  나: 네. 이 책을 읽는 동안 너무 슬퍼서 눈물이 났어요.
- 프엉 씨가 회의 자료를 만드는 동안 제가 사무실을 정리할게요.
- 버스를 타고 오는 동안 이 단어를 다 외웠어요.

★ 앞 절과 뒤 절의 주어가 같거나 달라도 된다.

Chủ ngữ của vế trước và vế sau có thể giống hoặc có thể khác nhau.

- 정 대리가 일하는 동안 부장님이 커피를 세 잔 마셨어요.
- 정 대리가 일하는 동안 (정 대리가) 커피를 세 잔 마셨어요.

★ 행위가 시작과 동시에 순간적으로 끝나는 동사와의 결합은 자연스럽지 않다.

Dùng nó với động từ thể hiện sự bắt đầu và kết thúc hành vi chỉ trong một khoảnh khắc ngắn là không được tự nhiên.

- 의자에 앉는 동안 배가 아팠어요. (×)
- 회의가 끝나는 동안 박수를 쳤습니다.(×)

★ 시제에 관계 없이 항상 '-는 동안'의 형태로 쓰인다.

Nó luôn được dùng dưới dạng '-는 동안' mà không liên quan gì đến thời thể.

- 아까 밥을 먹는 동안 동료들과 이야기를 했어요.
- 항상 밥을 먹는 동안 동료들과 이야기를 해요.
- 이따가 밥을 먹는 동안 동료들과 이야기를 할 거예요.

문법 연습2

1. [보기]와 같이 쓰세요.

[보기] 부장님을 기다려요. 회의 자료를 미리 읽어 보도록 하세요.
→ 부장님을 기다리는 동안 회의 자료를 미리 읽어 보도록 하세요.

(1) 보고서를 써요. 모르는 게 있으면 저한테 물어보세요.
→

(2) 투안 씨가 커피를 마셨어요. 저는 녹차를 마셨어요.
→

(3) 프엉 씨가 설명을 들으세요. 저는 화장실에 다녀오겠습니다.
→

(4) 어젯밤에 친구들과 놀았어요. 정말 즐거웠어요.
→

2. [보기]와 같이 알맞은 말을 골라 쓰세요.

밥을 먹다 운동하다 공장을 짓다 노래를 부르다 외국에서 살다

[보기] 운동하는 동안 땀이 많이 났어요.

(1) ______ 춤도 춰요.

(2) ______ 일을 쉬어야 해요.

(3) ______ 텔레비전을 봤어요.

(4) ______ 새 친구들을 많이 만났어요.

대화

김영미 부장: 여러분, 모두 알다시피 우리 팀 응웬 투안 씨가 대리로 승진했습니다. 축하합니다.

투 안: 감사합니다. 최선을 다하겠습니다.

김영미 부장: 그리고 오늘부터 배현주 씨가 인턴사원으로 우리와 함께 일하게 됐습니다. 배현주 씨는 인턴 교육을 받는 동안 우수한 평가를 받았다고 합니다.

배 현 주: 안녕하세요? 배현주입니다. 적극적인 자세로 열심히 배우겠습니다. 잘 부탁드립니다.

김영미 부장: 이제 비품 관리는 투안 대리 말고 현주 씨가 맡아 주세요.

배 현 주: 네, 그렇게 하겠습니다.

김영미 부장: 그리고 내일부터 이틀 동안 직원 교육이 있어서 투안 대리가 자리를 비울 예정입니다. 투안 대리가 없는 동안 업무에 차질이 없도록 신경 써 주세요.

직 원 들: 네, 알겠습니다.

- 알다시피
- 인턴사원
- 우수하다
- 평가
- 자세
- 맡다
- 이틀

- 자리를 비우다
- -(으)ㄹ 예정이다
- 차질이 없다
- 신경(을) 쓰다

- 부서에 어떤 일이 있습니까?
- 누가 일주일 동안 자리에 없습니까? 무슨 일로 자리를 비우게 됐습니까?

02 일은 할 만해요?

1 위의 운동을 잘하려면 무엇이 제일 중요합니까?

2 우리 부서는 일할 때 분위기가 좋습니까?
서로 잘 돕는 팀입니까?

학습 목표

- 주제: 인턴 사원에게 새로운 업무 부여
- 어휘: 팀워크
- 문법: -(으)ㄹ 만하다, -거나

어휘

팀워크

리더	구성원	팀장	팀원
리더십	협동심	협업	협조
팀을 구성하다	팀워크가 좋다	팀워크를 강화하다	팀워크를 향상시키다

- **팀워크를 향상시키려면** 팀 내 갈등을 먼저 해결해야 합니다.
- 이제부터 **리더**와 팀 **구성원**들이 하나가 되어 이번 프로젝트에서 좋은 성과를 내 주시기 바랍니다.
- 이번 일은 다른 부서와 **협업**해야 하니 소통이 원활하게 진행되도록 해 주세요.
- 우리 팀은 **팀워크가 좋아서** 즐거운 분위기에서 일하고 있습니다.
- 아까 홍보팀에서 취재 **협조**를 부탁했어요.
- 우리 팀장님은 아주 **리더십**이 뛰어난 리더입니다.

- 갈등을 해결하다
- 성과를 내다
- 소통이 원활하다
- 취재

어휘 연습

1. [보기]에서 밑줄 친 말과 바꿀 수 있는 말을 골라 쓰세요.

[보기]	리더십 구성원 협동심 협업

(1) 직원들의 서로 도우려는 마음 때문에 그 문제가 잘 해결됐어요.
(=)

(2) 우리 회사에 다니는 사람들이 모두 한 마음으로 일을 해야 합니다.
(= 회사의)

(3) 이번 프로젝트는 회사 내 여러 팀이 서로 도와주면서 일하기로 했어요.
(= 하기로)

(4) 그 친구는 어렸을 때부터 사람들 앞에서 모임을 이끄는 능력이 있어서 항상 반장을 맡았어요. (=)

2. [보기]에서 알맞은 말을 골라 쓰세요.

[보기]	팀원 팀을 구성하다 팀워크가 좋다

(1) 가: 팀장이 바뀐 후에 .
나: 맞아요. 분위기가 좋아지니까 일도 더 재미있어요.

(2) 가: 다음 주부터 우리 회사에서 신제품 개발을 시작한다고 해요.
나: 그럼 회사에 새로운 .

(3) 가: 그 팀장님은 어떤 분이세요?
나: 자기보다 을/를 먼저 생각해 주시는 분이에요.

문법1

-(으)ㄹ 만하다

(동사에 붙어) 선행 동사를 하는 것이 괜찮을 때, 가치가 있을 때 사용하는 표현이다. 최고로 좋다는 것은 아니지만 괜찮다고 생각할 때 사용할 수 있다.

(Gắn vào động từ, tính từ) Thể hiện ý nghĩa: ' Tôi hiểu điều đó', ' Có lý do như thế', ' trong tình huống đó hoàn toàn có thể xảy ra chuyện như vậy'.

- 가: 요즘 볼 만한 영화가 있어요?
  나: 어제 친구와 같이 봤는데, 재미있어서 볼 만했어요.
- 가: 들을 만한 노래를 좀 추천해 주세요.
  나: 이 가수의 노래는 다 들을 만해요.
- 우리 고향에는 먹을 만한 음식이 많아요.
- 일이 힘들었지만 할 만했어요.

받침 ○	-을 만하다	먹을 만하다, *걸을 만하다, *지을 만하다, *도울 만하다, 있을 만하다
받침 ×	-ㄹ 만하다	살 만하다, 갈 만하다, *만들 만하다, *놀 만하다, *알 만하다
ㄹ받침	만하다	

★ (형용사, 동사에 붙어) '그런 것이 이해가 된다', '그럴 이유가 있다', '상황이 그런 일이 일어나기에 충분한 정도가 되다'라는 의미로도 쓰인다.

(Gắn vào sau động từ, tính từ) thể hiện ý nghĩa:'tôi hiểu điều đó', 'có lý do như thế', 'trong tình huống đó hoàn toàn có thể xảy ra chuyện như vậy'.

- 가: 아까 옆 동료와 싸웠어요. 제가 쓴 보고서를 자기가 썼다고 거짓말로 제출했어요.
  나: 아이구, 정말 화가 날 만하네요.
- 가: 오늘 기분 최고예요. 우리 팀이 경영 평가에서 1위를 했거든요.
  나: 와! 기분 좋을 만하네요.

문법 연습1

1. [보기]와 같이 쓰세요.

[보기] 회사 근처/먹다/식당이 많다
→ 회사 근처에는 먹을 만한 식당이 많아요.

(1) 휴게실/읽다/잡지가 많다
→

(2) 공원/구경하면서 걷다/예쁜 길이 있다
→

(3) 우리 동네/연극을 보다/극장이 없다
→

(4) 그 가게/사다/물건이 많지 않다
→

2. [보기]와 같이 쓰세요.

[보기] 가: 이번 주부터 시작한 일이 힘들어요?
나: 괜찮아요. 할 만해요.

(1) 가: 저 식당이 어때요?
나: 가격도 괜찮고 맛있어서 ________.

(2) 가: 그 드라마가 그렇게 인기 있어요?
나: 네. 배우가 연기도 잘하고 내용도 재미있어서 ________.

(3) 가: 요즘 태권도를 배우고 있다고 들었어요. 재미있어요?
나: 네. 힘들지만 ________.

(4) 가: 그 가수의 노래가 다 좋아요?
나: 그럼요. 모두 ________.

문법2

-거나

(동사나 형용사, '이다, 아니다'에 붙어) 둘 이상의 행위나 사실 중 하나를 선택함을 나타낸다. 두 가지 이상의 행동이나 상태를 나란히 나열하고 그 가운데 하나를 선택할 때 사용한다.

(Gắn vào động từ, tính từ hay 'là(이다), không phải là (아니다)' Thể hiện sự lựa chọn một thứ trong số hai hay nhiều hơn những hành vi hay sự thật nào đó. Dùng khi liệt kê song song hai hay nhiều hơn những hành động hoặc trạng thái và trong số đó thì lựa chọn lấy một.

- 가: 고향 친구가 보고 싶으면 어떻게 해요?
  나: 영상 통화를 하거나 문자 메시지를 보내요.
- 가: 유미 씨는 주말에 뭘 해요?
  나: 저는 집에서 쉬거나 밖에서 친구를 만나요.
- 저는 저녁에 한국 책을 읽거나 한국 드라마를 봐요.
- 흐엉 씨는 슬프거나 외로울 때 노래방에 가서 노래를 불러요.

★ 앞 절과 뒤 절에 같은 서술어를 사용하는 경우에는 선행절 서술어를 생략하고 명사 '(이)나' 형태로 쓴다.

Trong trường hợp vị ngữ của vế trước và vế sau giống nhau thì lược bỏ vị ngữ của vế trước và dùng với hình thái Danh từ '(이)나'.

- 빵을 먹거나 국수를 먹어요. → 빵이나 국수를 먹어요.
- 1층에서 회의하거나 2층에서 회의해요. → 1층이나 2층에서 회의해요.

명사	받침 ○	이나	직원이나, 가방이나
	받침 ×	나	복사기나, 회사나

문법 연습2

1. [보기]와 같이 쓰세요.

[보기] 가: 친구를 기다리는 동안 뭘 해요? (음악을 듣다/책을 읽다)
나: 음악을 듣거나 책을 읽어요.

(1) 가: 샘플을 어디에서 찾을 수 있어요? (사무실에서 찾다/창고에 가다)
나: ______________________.

(2) 가: 김 대리 결혼 선물을 준비했어요? (돈을 주다/청소기를 사 주다)
나: ______________________.

(3) 가: 휴게실에서 보통 뭘 해요? (동료와 이야기를 나누다/커피를 마시다)
나: ______________________.

(4) 가: 오늘 무슨 일을 하려고 해요? (회의 자료를 읽다/창고를 정리하다)
나: ______________________.

2. [보기]와 같이 쓰세요.

[보기]

메일

문자 메시지

짱 씨한테 메일이나 문자 메시지를 보내세요.

(1)   바다에 가서 ______________________.

(2)   그 섬에 가려면 ______________________.

(3) 
저

김 대리님

궁금한 게 있으면 ______________________.

(4) 
김치찌개

불고기

저 식당에 가면 ______________________.

대화

배현주: 과장님, 아까 말씀하신 보고서 여기 있습니다.

노우성: 깔끔하게 잘했네요. 일은 할 만해요? 힘들지는 않고요?

배현주: 일이 어려울 때도 있지만 모두 잘 가르쳐 주셔서 재미있게 하고 있습니다.

노우성: 그래요? 다행이네요. 참! 이번 주부터 현주 씨가 해 줄 일이 있는데요. 우리 제품이 나온 기사나 방송 자료를 모두 찾아서 번역해 주세요.

배현주: 번역한 자료는 파일로 보내드리면 되나요?

노우성: 아니요. 출력해서 제 책상에 놔 주세요.

배현주: 네, 알겠습니다. 열심히 하겠습니다.

노우성: 힘든 일이 있거나 모르는 게 생기면 망설이지 말고 언제든지 이야기하세요. 우리 팀은 팀워크가 좋아서 즐겁게 일할 수 있을 거라고 생각합니다.

- 깔끔하다
- 방송 자료
- 번역하다
- 파일로 보내다
- 출력하다
- 놓다
- 망설이다

- 여자는 남자에게 무엇을 제출했습니까?
- 여자가 이번 주부터 뭘 해야 합니까?

03 파일을 확인하다가 실수로 지워 버렸어요

1 이 사람들은 무엇을 하고 있습니까?

2 여러분은 회사에서 실수한 적이 있습니까?

학습 목표

- 주제: 인턴 사원의 업무 실수
- 어휘: 최…
- 문법: -다가, -어/아 버리다

어휘

최…

최고	최저	최선	최악
최초	최후	최단	최장
최우선	최첨단	최대한	최소한

- 전자 분야에서는 우리 회사가 **최고**라고 자부한다.
- 내년 **최저** 임금은 작년대비 10% 상승할 예정이다.
- 회사에서는 자기가 맡은 일에 **최선**을 다하는 것이 중요하다.
- 작년 **최악**의 경제 불황에도 우리 회사는 10%의 성장률을 기록했다.
- 우리 회사는 전자업계 **최초**로 멀티 모니터 개발에 성공했다.
- **최후**에 웃는 사람이 진짜로 웃는 사람이다.
- 기업 홍보 동영상이 **최단**기간 조회 수 100만 건을 넘어섰다.
- 이번 추석 연휴에 연차를 사용하면 **최장** 10일까지 쉴 수 있다.
- **최첨단** 기술을 적용한 신제품의 개발을 올해의 **최우선** 과제로 삼고 있다.
- 기업은 **최소한**의 비용으로 **최대한**의 이익을 창출하기 위해 노력한다.

- 자부하다
- 최저 임금
- 자부하다
- 불황
- 조회
- 넘어서다
- 과제
- 창출하다

어휘 연습

1. [보기]와 같이 반대말을 찾아서 연결하세요.

[보기]	최고 •	• 최저	(연결됨)
(1)	최대한 •	• 최단	
(2)	최초 •	• 최소한	
(3)	최장 •	• 최후	

2. [보기]와 같이 알맞은 말을 골라 쓰세요.

최선　최악　최우선　최첨단

[보기] 가: 그럼, 앞으로 잘 부탁해요.
나: 네. 최선을 다하겠습니다.

(1) 가: 현재 ________ 경제 불황으로 모두가 어렵습니다.
나: 네. 지금의 어려움을 극복할 수 있는 방법을 찾아야겠습니다.

(2) 가: 기업의 발전을 위해 필요한 가치는 무엇일까요?
나: 사람에 대한 믿음이 ________(이)라고 생각합니다.

(3) 가: 이번 제품은 무엇이 달라졌습니까?
나: ________ 기술을 적용해 성능이 향상되었습니다.

-다가

(동사나 형용사, '이다, 아니다'에 붙어) 어떠한 행위나 상태가 중단되고 다른 행위나 상태로 바뀜을 나타낼 때 사용한다.

(Gắn vào động từ, tính từ, ' là (이다)', ' không phải là (아니다)') Dùng khi hành động hay trạng thái nào đó bị gián đoạn thay vào đó là một hành vi hay trạng thái khác.

- 가: 회의는 끝났어요?
  나: 아니요. 회의하다가 잠깐 쉬기로 했어요.
- 가: 내일 날씨는 어떻다고 해요?
  나: 오전에는 흐리다가 낮부터는 맑아진다고 해요.
- 재성 씨는 대학원에 다니다가 회사에 취직했습니다.
- 요리를 하다가 손가락을 다쳤어요.

★ '-다가'는 행위의 전환을 의미하는 경우가 많으므로 형용사보다는 동사의 사용이 많다. 형용사와 결합할 때에는 앞 절의 상태와 뒤 절의 상태가 대립되는 경우에 많이 나타난다.

'-다가' trong trường hợp mang hàm ý chuyển đổi hành động thì dùng với động từ nhiều hơn là tính từ. Khi kết hợp với tính từ, có nhiều trường hợp vế trước và vế sau ở trạng thái đối lập.

- 하늘이 맑다가 갑자기 흐려졌다.
- 교실이 조용하다가 다시 시끄러워졌다.

★ 일반적으로 앞 절과 뒤 절의 주어가 같아야 한다.

Thông thường vế trước và vế sau phải có cùng chủ ngữ.

- 나는 숙제를 하다가 동생이 전화를 받았어요. (×)
- 나는 숙제를 하다가 (내가) 전화를 받았어요. (○)

문법 연습1

1. [보기]와 같이 쓰세요.

[보기]  밥을 먹다가 전화를 받았어요.

(1) 

(2) 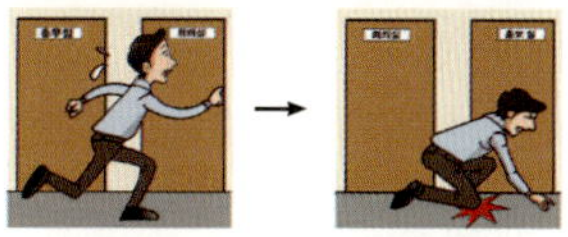

(3) 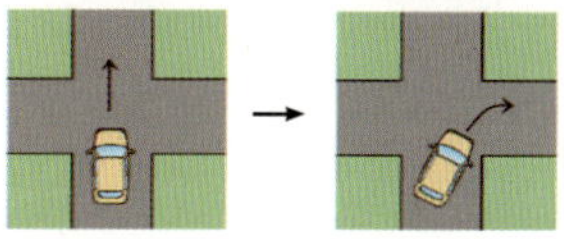

(4) 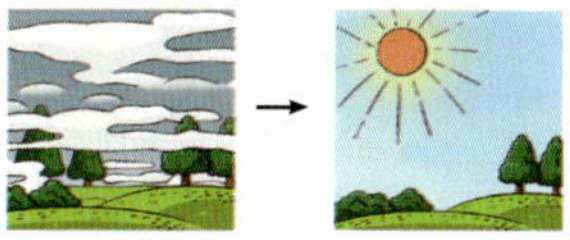

2. [보기]와 같이 쓰세요.

[보기] 가: 보고서는 다 썼어요?
나: 아니요. 손님이 오셔서 보고서를 쓰다가 잠깐 만나고 왔어요.

(1) 가: 어제 집에 바로 갔어요?
나: 아니요. ______________________.

(2) 가: 배우다가 어려워서 포기한 적 있어요?
나: 네. 예전에 ______________________.

(3) 가: 어, 손은 왜 다쳤어요?
나: ______________________.

(4) 가: 내일 날씨는 어떻다고 해요?
나: ______________________.

문법2

-어/아 버리다

(동사에 붙어) 어떤 행위를 완전히 끝내서 아무것도 남지 않거나 그 일이 어찌할 수 없는 상태로 바뀌었음을 나타낼 때 사용한다.

(Gắn vào động từ) Dùng khi kết thúc hoàn toàn một hành vi nào đó hoặc việc đó đã thay đổi với trạng thái không thể làm cách nào khác được.

- 가: 와! 오늘 옷 정말 예쁘네요.
  나: 그렇죠? 비싸서 좀 고민했는데 그냥 사 버렸어요.
- 가: 무슨 생각을 그렇게 해요?
  나: 사실 좋아하는 사람이 있는데요. 제가 먼저 고백해 버릴까요?
- 어제 냉장고에 넣어 둔 케이크를 제 동생이 먹어 버렸어요.
- 공부해야 하는데 너무 피곤해서 자 버렸어요.

ㅏ, ㅗ	-아 버리다	가 버리다, 와 버리다, 갈아 버리다, 잡아 버리다
ㅏ, ㅗ 이외	-어 버리다	먹어 버리다, 마셔 버리다, 써 버리다, *들어 버리다, *누워 버리다
-하다	-해 버리다	해 버리다, 제출해 버리다, 시작해 버리다, 말해 버리다

★ 과거 '-었-', 미래·추측의 '-겠-'이 '-어' 앞에 붙지 않는다.

Đối với thì quá khứ '-었-', tương lai, dự đoán '-겠-' thì '-어' sẽ không được gắn ở phía trước.

- 이 책까지 다 읽었어 버려요. (×)
- 이 책까지 다 읽어 버렸어요. (○)
- 이 책까지 다 읽겠어 버려요. (×)
- 이 책까지 다 읽어 버리겠어요. (○)

★ '그냥'이나 '다'와 잘 어울려 쓰인다.

Nó được dùng phù hợp với những từ như ' cứ (그냥)' hoặc ' tất cả (다)'.

- 머리가 아파서 그냥 자 버렸어요.
- 그릇에 남은 거 다 먹어 버려.

문법 연습2

1. [보기]와 같이 쓰세요.

> **[보기]** 버스를 타려고 빨리 뛰어 갔는데 버스가 그냥 가 버렸어요.
> 그래서 회사에 지각을 했어요.

(1) 지난주에 옷을 사는 데에 ________________.
그래서 지금 돈이 없어요.

(2) 사귀는 사람이 약속을 너무 안 지켜서 ________________.
다음에는 약속을 잘 지키는 사람을 만나고 싶어요.

(3) 고민 많이 했는데 그냥 ________________.
그래서 지금은 마음이 편해요.

(4) 일주일 동안 청소를 안 하다가 어제 ________________.
다 하고 나니까 제 마음도 깨끗해진 것 같아요.

2. [보기]와 같이 쓰세요.

> **[보기]** 가: 투안 대리님이 화가 많이 난 것 같아요.
> 나: 네. 제가 실수로 중요한 파일을 지워 버렸어요.

(1) 가: 어, 아까 케이크를 냉장고에 넣어 놓았는데 없어요.
나: 미안해요. ________________.

(2) 가: 오늘 드디어 시험이네요. 시험공부 많이 했지요?
나: 아니요. ________________.

(3) 가: 와! 가방 새로 샀어요? 비싸 보이는데요.
나: 네. ________________.

(4) 가: 왜 혼자 오세요? 프엉 씨는요?
나: 그게…. 기다리다가 ________________.

대화

배현주: 대리님, 아까 저 찾으셨다고 들었어요. 시키실 일 있으세요?

투 안: 뭐 물어볼 게 있어서요. 그런데 현주 씨, 어디에 있었어요?

배현주: 비품실에서 복사 용지를 찾다가 왔어요. 복사를 하다가 용지가 다 떨어져서 비품실에 갔는데 거기에도 없었어요.

투 안: 그럼 총무팀에 비품 신청을 해야 돼요. 비품 신청서 양식은 가지고 있지요?

배현주: 저, 그게…. 제가 파일을 확인하다가 실수로 지워 버렸어요. 죄송합니다.

투 안: 그래요? 그럼, 제가 메일로 보내 줄게요. 그런데 뉴스 번역한 자료는 어디에 있나요? 과장님이 찾으시더라고요.

배현주: 죄송해요. 복사 때문에 정신이 없어서 번역하는 걸 잊어버렸어요. 어떡하지요?

투 안: 그럼, 제가 과장님께 말씀드릴게요. 최대한 빨리 마무리해 주세요.

- 시키다
- 정신이 없다
- 잊어버리다
- 마무리하다

- 현주 씨는 무슨 실수를 했습니까?
- 현주 씨는 왜 번역을 안 했습니까?

04

손님들이 공항에 도착하시자마자 식당으로 모시도록 하세요

1. 이 사람들은 무엇을 하고 있습니까?
2. 업무 때문에 공항에 간 적이 있습니까?
   그때 무엇을 했습니까?

학습 목표

- 주제: 한국 업체의 방문
- 어휘: 공항
- 문법: -자마자, -어/아 놓다

어휘

공항

이륙하다	착륙하다	환승하다	지연되다
탑승구	세관 신고	보안 검색대	입국 신고서
수화물	면세점	입국 심사	출국 심사

- **탑승구**로 이동하기 전에 **보안 검색대**에서 소지품을 검사해야 합니다.
- **착륙하기** 전에 기내에서 **입국 신고서**를 쓰고 **입국 심사**를 받을 때 제출하면 됩니다.
- **면세점**에서 쇼핑을 하려고 공항에 도착하자마자 **출국 심사**를 받았습니다.
- 이번에 해외여행에서 산 물건이 면세 범위를 넘어서 **세관 신고**를 하고 세금을 납부했습니다.
- 한국에서 달랏으로 바로 가는 비행기가 없기 때문에 호찌민에서 다른 비행기로 **환승해야** 합니다.
- 태풍 때문에 비행기가 **지연돼서** 공항에서 아홉 시간을 기다렸습니다.
- 비행기가 **이륙하기** 전에 승무원들이 안전 수칙을 설명합니다.
- 보내는 **수화물**은 한 사람에 한 개씩만 가능하고 여러 개를 보내려면 추가 요금을 지불해야 합니다.

- 소지품
- 기내
- 면세 범위를 넘다
- 승무원
- 추가 요금
- 지불하다

어휘 연습

1. [보기]에서 알맞은 말을 골라 쓰세요.

[보기] 수화물 면세점 탑승구 보안 검색대

(1) 가: 왜 이쪽으로 가요? 비행기를 타려면 저쪽으로 가야 하잖아요.
나: 우리 ______ 은/는 32번이 아니라 132번이에요.

(2) 가: ______ 을/를 통과할 때는 항상 긴장돼요.
나: 맞아요. 그래도 안전을 위해서니까 이해할 수 있어요.

(3) 가: 보내는 ______ 은/는 몇 킬로그램까지 보낼 수 있어요?
나: 손님 한 분에 23킬로그램까지 보내실 수 있습니다.

(4) 가: ______ 이/가 백화점보다 훨씬 물건이 싸네요.
나: 그렇죠. 세금이 없으니까 가격이 싸서 사람이 많아요.

2. [보기]와 같이 알맞은 말을 골라 쓰세요.

이륙하다 착륙하다 환승하다 지연되다

[보기] 가: 이제 곧 호찌민 공항에 착륙하겠네요.
나: 네. 베한전자 직원들이 마중 나온다고 했습니다.

(1) 가: 하노이에서 제주도로 가는 직항편이 있습니까?
나: 아니요. 인천공항에서 ______.

(2) 가: 한국 손님들 도착 시간이 다섯 시죠?
나: 네. 그런데 기상 악화로 출발 시간이 ______.

(3) 가: 곧 비행기가 ______ 창문을 좀 올려 주시겠습니까?
나: 네. 알겠습니다.

문법1

-자마자

(동사에 붙어) 앞 절의 동작이 이루어진 후, 바로 뒤이어 다음 절의 사건이나 동작이 일어남을 나타낸다.

(Gắn vào động từ) Thể hiện hành động của vế trước vừa xảy ra thì sự kiện hay hành động của vế ngay sau đó cũng xảy ra.

- 가: 요즘에 이상하게 잠이 잘 안 와요. 투안 씨는 잘 자요?
  나: 네. 저는 항상 눕자마자 바로 잠들어요.
- 가: 우리 회사 신제품이 출시되자마자 다 팔렸대요.
  나: 정말 좋은 소식이네요.
- 두 사람은 만나자마자 사랑에 빠졌다고 해요.
- 그 건설 회사는 아파트를 짓자마자 바로 다른 빌딩을 짓기 시작했습니다.

문법 연습1

1. [보기]와 같이 쓰세요.

> **[보기]** 집에 도착하다 / 화장실에 가다
> → 집에 도착하자마자 화장실에 갔어요.

(1) 침대에 눕다 / 잠이 들다

→ ________________.

(2) 우산을 사다 / 비가 그치다

→ ________________.

(3) 사무실에 들어오다 / 컴퓨터를 켜다

→ ________________.

(4) 대학을 졸업하다 / 이 회사에 입사하다

→ ________________.

2. [보기]와 같이 쓰세요.

> **[보기]** 가: 아침에 일어나면 제일 먼저 뭘 해요?
> 나: 저는 아침에 일어나자마자 휴대폰을 봐요.

(1) 가: 어제 퇴근하고 뭐 했어요?

나: 배가 너무 고파서 ________________.

(2) 가: 오늘 수업이 끝나면 제일 먼저 뭘 할 거예요?

나: 친구가 근처에 있어서 ________________.

(3) 가: 언제 영화 보러 갈 거예요?

나: 시험이 ________________.

(4) 가: 회사에 도착하면 무엇을 먼저 해요?

나: 저는 커피를 좋아해서 ________________.

문법2

-어/아 놓다

(동사에 붙어) 어떤 행위를 완료한 상태가 변하지 않고 그대로 유지되고 있음을 나타낸다. 행위의 결과가 지속되고 있음을 강조할 때 사용한다.

(Gắn vào động từ) Thể hiện trạng thái hoàn thành của hành động nào đó và trạng thái đó cứ được duy trì như vậy. Dùng để nhấn mạnh sự tiếp tục kéo dài kết quả của hành động đó.

- 가: 지난 달 결산 자료 어디에 있어요? 오후에 좀 보려고 하는데요.
  나: 네. 과장님. 점심시간 전에 제가 찾아 놓겠습니다.
- 가: 김 부장님이 어디에 연락하라고 하셨는지 잊어버렸어요.
  나: 잠깐만요. 제가 메모해 놓았어요.
- 한국 친구가 놀러 온다고 해서 음식을 많이 만들어 놓았어요.
- 회의 자료를 어제 다 준비해 놓아서 마음이 편해요.

ㅏ, ㅗ	-아 놓다	찾아 놓다, 받아 놓다, 사 놓다, 봐 놓다, 모아 놓다
ㅏ, ㅗ 이외	-어 놓다	넣어 놓다, 열어 놓다, 켜 놓다, 고쳐 놓다, 만들어 놓다
-하다	-해 놓다	준비해 놓다, 보관해 놓다, 청소해 놓다, 전화해 놓다, 요리해 놓다

★ '-어/아 놓다' & '-어/아 두다'

두 표현 모두 행위가 완료된 상태를 유지하고 있을 때를 나타내지만, '-어/아 두다'는 부정적인 의미와 결합하지 않는다.

Mặc dù hai cấu trúc ngữ pháp này đều dùng để diễn đạt khi duy trì trạng thái hoàn thành của một hành động nào đó nhưng '어/아 두다' (Đặt, để) không kết hợp với từ mang tính phủ định.

- 한국 식당을 예약해 놓았어요. = 한국 식당을 예약해 두었어요.

-어/아 놓다	-어/아 두다
이건 그 사람이 망쳐 놓은 일이에요.(○)	이건 그 사람이 망쳐 둔 일이에요.(×)

문법 연습2

1. [보기]와 같이 알맞은 말을 골라 쓰세요.

열다	장을 보다	예매하다	끓이다	끄다

[보기] 날씨가 더워서 창문을 열어 놓았어요.

(1) 영화관에서는 휴대폰을 ＿＿＿＿＿＿＿＿.

(2) 제가 라면을 사 올 테니까 물을 ＿＿＿＿＿＿＿＿.

(3) 오늘 집들이를 위해서 어제 ＿＿＿＿＿＿＿＿.

(4) 명절에는 표가 없으니까 빨리 ＿＿＿＿＿＿＿＿.

2. [보기]와 같이 알맞은 말을 골라 쓰세요.

공부하다	찾다	고치다	넣다	준비하다

[보기] 가: 출장을 가기 전에 또 준비할 게 있어요?
나: 출장지의 기본적인 인사를 공부해 놓으세요.

(1) 가: 프엉 씨, 한국전자 계약서가 어디에 있어요?
나: 제가 캐비닛에 ＿＿＿＿＿＿＿＿.

(2) 가: 회의실 책상 위에 회의 자료와 다과를 ＿＿＿＿＿＿＿＿.
나: 투안 대리, 고마워요.

(3) 가: 오늘 신문에 우리 회사 관련 기사가 나왔다면서요?
나: 네. 여기에 신문 기사를 ＿＿＿＿＿＿＿＿.

(4) 가: 우리 팀 프린터는 아직 고장이지요?
나: 아니요. 어제 오후에 ＿＿＿＿＿＿＿＿.

대화

김영미: 투안 대리, 다음 주 업체 미팅 일정이 어떻게 되죠?

투 안: 한국 손님들이 다음 주 월요일 오후 다섯 시에 하노이 공항에 도착할 예정입니다. 그리고 우리 팀과 함께 저녁 식사를 하고, 회의는 화요일 오전 열 시에 하기로 했습니다.

김영미: 회의실은 어디로 예약했습니까?

투 안: 제품 소개를 위해서 프레젠테이션이 가능한 3층 회의실로 준비해 놓았습니다. 홍보팀도 회의에 참석하기로 했습니다.

김영미: 좋습니다. 월요일 저녁 식사는 어디에서 합니까?

투 안: 호텔 근처에 있는 한국 식당을 예약해 놓았습니다.

김영미: 네. 그럼 손님들이 공항에 도착하시자마자 식당으로 모시도록 하세요.

투 안: 알겠습니다. 저와 이유미 씨가 공항으로 가겠습니다.

- 업체
- 미팅 일정
- -(으)ㄹ 예정이다
- 을/를 위해서
- 제품 소개
- 프레젠테이션
- 모시다

- 한국 손님들은 누구입니까?
- 한국 손님들의 월요일 일정은 어떻게 됩니까?

05

한국에서 중요한 손님이 오시거든요

1 이 사람들은 어디에서 무엇을 하고 있습니까?

2 식당에서 고기를 먹고 싶지 않으면 어떻게 주문합니까?

학습 목표

- 주제: 식당 예약
- 어휘: 식당 예약
- 문법: -었으면/았으면 좋겠다, -거든요

어휘

식당 예약

예약이 가능하다	예약이 꽉 차다	4인석으로 예약하다
조용한 자리로 준비하다	창가 자리로 부탁하다	다른 자리로 옮기다
추천/특별 메뉴가 있다	고기에 알레르기가 있다	성함으로 예약되다

- 오늘 밤 예약하고 싶은데요. 두 사람 **예약이 가능할까요**?
- 죄송하지만, 오늘 저녁은 **예약이 꽉 찼습니다**.
- 한국 식당이지요? 내일 점심에 **4인석으로 예약할** 수 있을까요?
- **창가 자리로 부탁합니다**. 혹시 **추천 메뉴가 있습니까**?
- **특별 메뉴**는 비빔밥입니다. 손님들께서 많이 찾으십니다.
- 비빔밥에서 고기를 빼 주세요. **고기에 알레르기가 있어요**.
- 내일 오후 열두 시, 네 분, **김재호 고객님 성함으로 예약됐습니다**.

어휘 연습

1. [보기]에서 알맞은 말을 골라 쓰세요.

[보기]	옮기다	꽉 차다	예약되다	가능하다

(1) 가: 여보세요. 한국 식당입니다.
나: 네. 오늘 저녁에 세 사람 예약 ______________________?

(2) 가: 안녕하세요? 오후 5시에 두 사람 예약하고 싶은데요.
나: 죄송합니다, 손님. 오늘은 예약이 ______________________.

(3) 가: 저기, 다른 자리로 ______________________?
나: 네. 손님. 어디가 좋으세요?

(4) 가: 오늘 저녁, 네 분, 투안 고객님 성함으로 ______________________.
나: 감사합니다.

2. 다음 상황에서 어떻게 말해요? 배운 표현을 사용해서 [보기]와 같이 쓰세요.

…을/를 빼다　알레르기가 있다　특별 메뉴가 있다
… 자리로 준비하다　… 자리로 부탁하다

[보기] (생선을 먹고 싶지 않다)
음식에서 생선을 빼 주세요.

(1) (알레르기 때문에 돼지고기를 못 먹다)
→ ______________________.

(2) (조용하게 식사하고 싶다)
→ ______________________.

(3) (식당의 특별 메뉴를 알고 싶다)
→ ______________________?

(4) (창문 쪽 자리에 앉고 싶다)
→ ______________________.

문법1

-었으면/았으면 좋겠다

(동사와 형용사에 붙어) 말하는 사람이 현재와 반대 상황을 가정하여 희망함을 나타낸다.

(Gắn vào động từ và tính từ) Thể hiện việc người nói giả định và hy vọng một tình huống trái ngược với hiện tại.

- 가: 내일 체육대회인데, 비가 올 것 같네요.
  나: 그러게요. 내일은 날씨가 맑았으면 좋겠어요.
- 가: 일이 많아서 지난 주말에도 출근했어요.
  나: 이번 주말에는 푹 쉬었으면 좋겠어요.
- 한국말이 유창했으면 좋겠어요.
- 할머니께서 얼른 나으셨으면 좋겠어요.

ㅏ, ㅗ	-았으면 좋겠다	맑았으면 좋겠다, 좋았으면 좋겠다, *나았으면 좋겠다
ㅏ, ㅗ 이외	-었으면 좋겠다	쉬었으면 좋겠다, 배웠으면 좋겠다, *들었으면 좋겠다, *빨랐으면 좋겠다
-하다	-했으면 좋겠다	잘했으면 좋겠다, 유창했으면 좋겠다

★ 화자가 청자에게 비교적 완곡하게 요구할 때 사용하는 표현이다.

Là cấu trúc ngữ pháp dùng khi người nói yêu cầu người nghe làm gì đó một cách khéo léo.

- 오늘은 회의가 빨리 끝났으면 좋겠어요.

★ 명사에는 '이었으면/였으면 좋겠다'가 붙는다.

Đối với Danh từ thì dùng '이었으면/였으면 좋겠다'

- 창가 자리였으면 좋겠습니다.

문법 연습1

1. [보기]와 같이 알맞은 말을 골라 쓰세요.

만나다　낫다　살다　좋아하다　익숙해지다

[보기] 이번 여행을 잊지 못할 거예요. 우리 다시 만났으면 좋겠어요.

(1) 하 씨가 제 선물을 ________________.

(2) 지영 씨, 많이 아파요? 얼른 ________________.

(3) 일이 아직 서툴러요. 빨리 ________________.

(4) 두 사람이 행복하게 잘 ________________.

2. [보기]에서 알맞은 말을 골라 쓰세요.

[보기] 마주치다　구입하다　합격하다　끝나다

저는 다음 달 승진 시험을 보려고 합니다. 지난번에 시험을 봤는데 5점 차이로 떨어졌습니다. 이번에는 꼭 (1) ________________.

승진하면 일을 더 많이 배울 수 있고 월급도 더 받을 수 있습니다. 올해는 돈을 모아서 제 차를 (2) ________________.

그런데 요즘 일이 많아서 늦게 퇴근합니다. 어제도 야근을 했습니다. 오늘은 일이 일찍 (3) ________________.

일이 끝나면 커피숍에 갈 겁니다. 저는 보통 커피숍에서 공부합니다. 그런데 저하고 비슷한 시간에 커피숍에 오는 남자가 있습니다. 그 사람은 항상 혼자 와서 커피를 마십니다. 그리고 두 시간쯤 책을 읽고 갑니다. 오늘도 그 사람과 (4) ________________.

문법2

-거든요

(동사나 형용사, '이다, 아니다'에 붙어) 어떤 이유나 사실을 당연한 듯이 말하면서 문장을 끝맺을 때 사용한다. 주로 구어에서 사용하며, 듣는 사람은 말하는 내용을 잘 모를 것이라고 생각할 때 쓰인다.

(Gắn vào động từ, tính từ hay 'là (이다), không phải là (아니다)') Dùng khi nói về một nguyên nhân hoặc sự thật nào đó như thể là điều hiển nhiên và dùng để kết thúc câu văn. Chủ yếu dùng trong văn nói và được dùng khi người nói nghĩ rằng người nghe không biết rõ về nội dung đang được nói tới.

- 가: 마이 씨는 아무것도 안 마셔요?
  나: 네. 오후에 커피를 마시면 잠을 못 자거든요.
- 가: 하 씨, 어디가 불편해요?
  나: 아, 신발을 새로 샀거든요. 그래서 발이 좀 아파요.
- 왜 기분이 좋냐 하면 시험에 합격했거든요.
- 아까 늦어서 죄송해요. 머리가 좀 아팠거든요.

받침 ○	-거든요	먹거든요, 읽거든요, 많거든요, 작거든요
받침 ×		가거든요, 마시거든요, 크거든요, 아프거든요
과거	-었거든요 -았거든요 -했거든요	먹었거든요, *들었거든요, 잤거든요, 많았거든요, *바빴거든요, 말했거든요, 전화했거든요

★ 주로 질문의 대답이나 앞 문장을 뒤따르는 말로 쓰인다. 또한 앞말에 '왜 -느냐면(느냐고 하면, 느냐 하면)'이 자주 쓰인다.

Chủ yếu được dùng khi trả lời câu hỏi hoặc dùng trong lời nói theo câu phía trước. Ngoài ra nếu vế trước là cấu trúc 'Nếu hỏi là vì sao… thì…. 왜 -느냐면(느냐고 하면, 느냐 하면) thì cũng thường xuyên được sử dụng cùng.

- 저 식당은 가지 마세요. 맛이 없거든요.
- 체육대회가 왜 취소됐냐면 일기예보에서 비가 온다고 했거든요.

★ 명사 뒤에는 '이거든요/거든요'가 붙는다.

Sau Danh từ thì dùng '이거든요/거든요'.

- 가: 주말에도 회사에 나가요?
  나: 네. 이번 주 당직이거든요.

문법 연습2

1. [보기]와 같이 연결하고 문장을 쓰세요.

[보기]	우산을 챙기세요.	•	• 답답하다
	(1) 과장님께 가 보세요.	•	• 뜨겁다
	(2) 창문 좀 열어 주세요.	•	• 아까 찾으셨다
	(3) 기계에 가까이 가지 마세요.	•	• 비가 올 것 같다
	(4) 퇴근길에 장보러 가야겠어요.	•	• 내일 손님이 오다

[보기] 우산을 챙기세요. 비가 올 것 같거든요.

(1) 과장님께 가 보세요. ______________.

(2) 창문 좀 열어 주세요. ______________.

(3) 기계에 가까이 가지 마세요. ______________.

(4) 퇴근길에 장보러 가야겠어요. ______________.

2. [보기]와 같이 쓰세요.

[보기] 가: 투안 씨, 옷이 다 젖었네요.
나: 갑자기 소나기가 왔거든요.

(1) 가: 하 씨, 밥을 많이 남겼네요. 어디 아파요?
나: 아니요. ______________.

(2) 가: 쩐 씨, 눈이 빨개요. 어제 못 잤어요?
나: 네. ______________.

(3) 가: 투 씨, 아까 회의 시간에 왜 아무 말도 안 했어요?
나: ______________.

대화

식당 주인: 감사합니다. 한국 식당 '아리랑'입니다.

투 안: 안녕하세요? 다음 주 월요일 저녁에 아홉 명 예약하려고 하는데요. 가능하죠?

식당 주인: 잠시만요. 네, 가능합니다. 몇 시로 예약해 드릴까요?

투 안: 여섯 시 삼십 분으로 해 주세요. 그리고 조용한 자리였으면 좋겠습니다. 한국에서 중요한 손님이 오시거든요.

식당 주인: 네, 알겠습니다. 음식은 뭘로 준비해 놓을까요?

투 안: 비빔밥을 시키려고 하는데 하나는 고기를 빼 주세요. 한 분이 고기를 안 드시거든요. 그리고 양념은 따로 준비해 주셨으면 좋겠습니다.

식당 주인: 비빔밥 하나는 고기 빼고, 양념은 따로 준비하겠습니다. 다음 주 월요일 여섯 시 삼십 분으로 아홉 분 예약되었습니다. 다른 사항이 있으면 언제든지 전화주세요.

투 안: 감사합니다. 월요일 전에 한 번 더 연락 드릴게요.

- 전화 드리다
- 양념
- 사항

- 투안은 몇 시, 몇 명으로 예약했습니까?
- 투안이 식당 주인에게 특별히 부탁한 내용은 무엇입니까?

06 방은 바다가 보이는 쪽으로 예약했습니다

1. 방의 모습이 어떻습니까?
2. 사람들의 모습은 어떻습니까?

학습 목표

- 주제: 숙소 안내
- 어휘: 피동 표현
- 문법: 피동사, -어/아 있다

어휘

피동 표현

길이 막히다	차가 밀리다	스트레스가 쌓이다	스트레스가 풀리다
연락이 끊기다	전화번호가 바뀌다	경쟁사에 따라잡히다	시간에 쫓기다
불이 켜지다	전원이 꺼지다	제품이 만들어지다	꿈이 이루어지다
회의가 시작되다	보고서가 완성되다	일이/사람이 걱정되다	계약이 체결되다

- **길이** 많이 **막혀서** 늦을 것 같아요.
- 초등학교 친구가 **전화번호가 바뀌어서** 오랫동안 **연락이 끊겼는데** 어떻게 지내는지 궁금해요.
- 빨리 보고서를 완성해야 하는데 **시간에 쫓겨서 스트레스가 쌓이네요**.
- **불이 켜지지** 않아서 창고가 어두워요.
- **전원이 꺼져서** 화면이 안 보여요.
- 이 공장에서는 **제품이 만들어지는** 과정을 볼 수 있어요.
- 회사에 입사했을 때 **꿈이 이루어진** 것 같아서 기분이 좋았어요.
- **회의가 시작될** 예정이니 자리에 앉아 주세요.
- **보고서가 완성되면** 대리님께 보여 드릴게요.
- 투안 씨가 다쳤다고 들었어요. 투안 씨가 정말 **걱정돼요**.
- 드디어 거래처와의 **계약이 체결됐습니다**.

- 초등학교
- 과정
- -(으)ㄹ 예정이다

어휘 연습

1. [보기]에서 알맞은 말을 골라 쓰세요.

[보기] 밀리다 끊기다 쌓이다 꺼지다 만들어지다

(1) 배터리가 방전돼서 휴대폰이 ______________.

(2) 차가 ______________ 제시간에 가지 못하겠어요.

(3) 음식이 ______________ 동안 잠깐 이야기를 나누고 계세요.

(4) 저는 스트레스가 ______________ 큰 소리로 노래를 불러요.

(5) 고향에 지진이 났는데 전화나 인터넷이 안돼요. 연락이 ______________ 너무 걱정돼요.

2. [보기]에서 알맞은 말을 골라 쓰세요.

[보기] 켜지다 시작되다 걱정되다 체결되다

(1) 가: 컴퓨터가 고장 난 것 같네요.
나: 맞아요. 컴퓨터 전원이 안 ______________.

(2) 가: 그 해외 기업과의 계약에 성공했나요?
나: 네. 계약이 ______________ 거래를 하게 됐습니다.

(3) 가: 이번 달 2번 라인에 불량이 꽤 많다고 해요.
나: 그래요? 지난달에도 그랬는데 좀 ______________.

(4) 가: 업무가 몇 시에 ______________?
나: 아침 근무자는 오전 9시에 일을 시작합니다.

문법1

피동

(타동사에 피동 접사 '-이-', '-히-', '-리-', '-기-'가 붙어) 다른 사람이나 사물에 의하여 이루어지는 행동이나 작용을 말한다. '-되다'나 '-어지다/아지다'를 이용하여 표현하기도 한다.

(Phụ tố bị động thêm vào động từ ngoại động gồm có: '-이-', '-히-', '-리-', '-기-') dùng để nói về hành động hoặc sự tác động được hình thành bởi người khác hoặc vật khác.

- 가: 새로 이사한 집은 어때요?
  나: 공원도 잘 보이고 시끄러운 소리도 안 들려서 좋아요.
- 가: 우리 회사 제품이 잘 팔려요?
  나: 네. 너무 잘 팔려서 매진됐어요.
- 상자에 담긴 과자는 마음대로 먹어도 돼요.
- 다리를 다쳐서 걸을 수 없는 것 같은데 빨리 저한테 업히세요.

동사	피동 접사	피동사	동사	피동 접사	동사
보다	-이-	보이다	열다	-리-	열리다
바꾸다		바뀌다	물다		물리다
쓰다		쓰이다	듣다		들리다
놓다		놓이다	걸다		걸리다
쌓다		쌓이다	팔다		팔리다
먹다	-히-	먹히다	안다	-기-	안기다
잡다		잡히다	담다		담기다
업다		업히다	감다		감기다
밟다		밟히다	쫓다		쫓기다
닫다		닫히다	찢다		찢기다
꽂다		꽂히다	끊다		끊기다

★ '(명사)을/를+동사'를 피동으로 바꿀 때는 '(명사)이/가+피동사'로 쓸 수 있다.

'Khi đổi 'Danh từ(명사)을/를 + động từ (동사)' sang bị động thì ta có thể dùng cấu trúc: 'Danh từ (명사)이/가+ Động từ bị động (피동사)'

- 산을 보다 → 산이 보이다　　　어머니가 아기를 안다 → 어머니에게 아기가 안기다

★ '-어지다/아지다'로 피동을 표현하는 경우도 있다.

Cũng có trường hợp dùng ' trở nên (-어지다/아지다)' để diễn tả sự bị động.

- 켜다-켜지다, 끄다-꺼지다, 펴다-펴지다, 만들다-만들어지다

★ '-되다'로 피동을 표현하는 경우도 있다.

Cũng có trường hợp sử dụng 'trở thành, trở nên (-되다)' để diễn tả sự bị động.

- 진열하다-진열되다, 조사하다-조사되다

문법 연습1

1. [보기]와 같이 쓰세요.

[보기] 도둑/경찰/쫓다 → 도둑이 경찰한테 쫓겼어요.

(1) 눈/쌓다 → ______________.

(2) 가방/열다 → ______________.

(3) 창문/닫다 → ______________.

(4) 전화/끊다 → ______________.

(5) 딸/엄마/안다 → ______________.

(6) 소리/잘 안 듣다 → ______________.

(7) 내 우산/다른 우산/바꾸다 → ______________.

2. [보기]와 같이 쓰세요.

[보기] 가: 어젯밤에 모기가 많았어요?
나: 네. 모기한테 물려서 너무 가려워요.

(1) 가: 칠판에 ______________ 글씨가 안 보여요.
나: 눈이 좀 나쁜 것 같아요. 안경을 쓰는 게 어때요?

(2) 가: 벽에 ______________ 시계가 흔들려요.
나: 맞아요. 좀 위험하네요.

(3) 가: 투안 씨, 많이 피곤한 것 같아요.
나: 네. 너무 졸려서 자꾸 눈이 ______________.

(4) 가: 아침에 버스에서 옆 사람 구두에 발이 ______________.
나: 아이구, 아팠겠어요.

문법2

-어/아 있다

(자동사나 피동에 붙어) 어떤 행위가 끝난 후 그 상태나 결과가 지속됨을 나타낸다.
(Gắn vào nội động từ hoặc từ bị động) Thể hiện hành vi nào đó sau khi kết thúc thì trạng thái hay kết quả đó vẫn đang được tiếp tục.

- 가: 기다리는 동안 의자에 앉아 계세요.
  나: 괜찮아요. 저는 서 있는 게 편해요.
- 가: 책상 위에 뭐가 있어요?
  나: 컴퓨터가 놓여 있는데, 화면이 켜져 있어요.
- 누워 있다가 일어나니까 어지러워요.
- 어제 꽃이 피어 있는 경치를 보면서 공원 벤치에 앉아 있었어요.

ㅏ, ㅗ	-아 있다	살아 있다, 가 있다, 나와 있다, 벗어나 있다
ㅏ, ㅗ 이외	-어 있다	죽어 있다, 피어 있다, 들어 있다, 놓여 있다, 걸려 있다, 잡혀 있다, 켜져 있다
-하다	-해 있다	도착해 있다, 진출해 있다

★ 어떤 행동이 끝나고 그 결과가 계속 지속된다는 의미가 없는 경우에는 자동사나 피동사라고 하더라도 사용할 수 없다.
Trong trường hợp câu văn không có ý nghĩa là hành động nào đó kết thúc và kết quả đó tiếp tục được duy trì thì dù cho đó có là nội động từ hay động từ bị động thì cũng không thể sử dụng cấu trúc này.

- 자 있다(×), 쉬어 있다(×), 보여 있다(×), 들려 있다(×), 걱정돼 있다(×)

★ 높임은 '-어 계시다'로 쓴다. Trong trường hợp nói kính trọng thì dùng '-어 계시다'

- 할아버지께서 살아 계세요.

★ 과거는 '-어 있었다'로, 미래는 '-어 있을 것이다'로 쓴다. '-어' 앞에 '-었-'이나 '-겠-'을 붙이지 않는다.
Quá khứ sẽ dùng '-어 있었다'; tương lai thì dùng '-어 있을 것이다'. Không gắn '-었-' hoặc '-겠-' vào trước '-어'.

- 어제 여기에 앉아 있었어요. 지금도 앉아 있어요. 내일도 앉아 있을 거예요.

문법 연습2

1. [보기]와 같이 쓰세요.

[보기] 가: 프엉 씨가 불을 켰어요?
나: 아니요. 제가 왔을 때부터 켜져 있었어요.

(1) 가: 지금 회의실에 누가 있어요?
나: 부장님과 과장님이 ______________________.

(2) 가: 가방에 뭐가 ______________________?
나: 제 가방 안에는 지갑과 휴대폰이 있어요.

(3) 가: 지금 문이 ______________________?
나: 아니요. 아까 제가 문을 닫았어요.

(4) 가: 어제 도둑을 잡았어요?
나: 네. 지금 경찰서에 ______________________.

2. [보기]와 같이 쓰세요.

[보기]

신발이 침대 앞에 놓여 있어요.

(1) 꽃이 ______________________.

(2) 창문이 ______________________.

(3) 그림이 ______________________.

(4) 책이 ______________________.

대화

한국 손님: 이렇게 저녁 식사와 호텔 예약까지 신경 써 주셔서 감사합니다. 데려다 주신 덕분에 호텔까지 편하게 왔네요.

투 안: 별 말씀을요. 당연히 모셔다 드려야지요. 방은 바다가 보이는 쪽으로 예약했습니다. 경치가 좋을 거예요.

한국 손님: 고맙습니다. 그런데 아까 주신 이 서류 봉투에는 뭐가 들어 있습니까?

투 안: 내일 회의 자료입니다. 저희 제품 카탈로그도 함께 넣었습니다.

한국 손님: 네, 잘 알겠습니다. 그리고 내일 '베한전자'에 택시로 가려고 하는데, 아침에 길이 많이 막힙니까?

투 안: 출근 시간에는 차가 많이 밀리는 편입니다. 호텔이 회사에서 멀지 않으니 걱정하지 마십시오. 저희가 차를 보내드리겠습니다.

한국 손님: 네, 알겠습니다. 몇 시까지 호텔 로비로 나와 있으면 되겠습니까?

투 안: 아홉 시까지 저희 직원을 보내겠습니다. 푹 쉬시고 내일 뵙겠습니다.

- 신경 쓰다
- 데려다 주다
- 덕분에
- 별 말씀을요
- 모셔다 드리다
- 서류 봉투
- 카탈로그
- 걱정하지 마십시오
- 로비
- 내일 뵙겠습니다

- 호텔 방에서 창문 밖으로 무엇이 보입니까?
- 내일 아침에 '베한전자'까지 어떻게 갑니까?

07 투안 씨가 지각할 리가 없는데요

1. 무슨 일이 생겼습니까?
2. 여러분은 교통사고를 당한 적이 있습니까?

학습 목표

- 주제: 사고와 안부 확인
- 어휘: 교통사고
- 문법: -대요/래요/재요/냬요, -(으)ㄹ 리가 없다

어휘

교통사고

추돌하다	충돌하다	접촉 사고	중앙선 침범
블랙박스	방어 운전	자동차 보험	무단 횡단
교통사고가 나다	교통사고를 내다	교통사고를 당하다	

- 비 때문에 화물차 세 대가 연쇄 **추돌했습니다**.
- 트럭이 **중앙선을 침범해** 마주 오는 택시와 정면으로 **충돌하는** 사고가 발생했습니다.
- 차선을 변경하다가 **접촉 사고를 냈습니다**.
- 도로 위에서는 **방어 운전**이 무엇보다 중요합니다.
- 한국에서는 차량에 **블랙박스**가 설치되어 있으면 보험료 할인을 받을 수 있습니다.
- 자동차 소유자는 반드시 **자동차 보험**에 가입해야 합니다.
- **무단 횡단**을 하다가 오토바이하고 부딪쳤습니다.
- 빗길에 **교통사고가 나서** 많은 사람들이 다쳤습니다.
- 초등학교 때 **교통사고를 당해서** 병원에 입원한 적이 있습니다.

- 연쇄
- 마주 오다
- 차선
- 설치되다
- 보험료
- 소유자
- 부딪치다
- 빗길

어휘 연습

1. [보기]와 같이 그림에 알맞은 말을 연결하세요.

[보기]

• ——— • 무단 횡단

(1)

• • 추돌 사고

(2)

• • 접촉 사고

(3)

• • 충돌 사고

2. [보기]와 같이 알맞은 말을 골라 쓰세요.

중앙선을 침범하다 방어 운전 교통사고를 당하다 블랙박스

[보기] 가: 어제 교통사고가 났는데 누구 잘못인지 잘 모르겠어요.
나: 블랙박스 영상을 살펴보세요. 그러면 알 수 있을 거예요.

(1) 가: 운전이 처음이라서 걱정이에요.
나: 네. 운전할 때 꼭 ______________ 을/를 하도록 하세요.

(2) 가: 투안 씨가 일주일 동안 회사에 못 나온다고 하네요.
나: 네. ______________ 병원에 입원해 있다고 해요.

(3) 가: 회사 앞에서 교통사고가 크게 났다고 하네요.
나: 네. 택시가 ______________ 마주 오는 트럭하고 부딪쳤대요.

문법1

-대요/래요/재요/냬요

다른 사람에게서 들은 내용을 옮겨 말할 때 사용하는 '-다고/라고/자고/냐고 해요'의 준말이다.
Đây là cấu trúc rút gọn của các cấu trúc 'nói là (-다고)/ bảo là (라고)/ rủ là (자고)/ hỏi là (냐고) 해요'.

- 가: 투안 씨한테 무슨 일이 있대요?
  나: 네. 회사 오는 길에 교통사고를 당했대요.
- 가: 유미 씨, 기태 씨가 빨리 오래요.
  나: 먼저 가세요. 투안 대리님이 조금 이따가 같이 가재요.
- 거래처 직원인데 언제 다시 전화하면 되냬요.
- 자기는 담당자가 아니래요.

-다고 하다	동사	받침 ○	-는대요	먹는대요, 듣는대요, 읽는대요, 닫는대요
		받침 ×	-ㄴ대요	간대요, 마신대요, 배운대요, 좋아한대요, *산대요, *만든대요
		ㄹ 받침		
	형용사	받침 ○	-대요	좋대요, 많대요, 예쁘대요, 있대요
		받침 ×		
	명사	받침 ○	이래요	회사원이래요, 부장이래요
		받침 ×	래요	의사래요, 회사래요
-(으)라고 하다	동사	받침 ○	-으래요	먹으래요, 읽으래요, 있으래요, *들으래요
		받침 ×	-래요	가래요, 주래요, 마시래요, 전달하래요, 살래요, 만들래요, (하지) 말래요
		ㄹ 받침		
-자고 하다	동사	받침 ○	-재요	먹재요, 읽재요, 있재요, 만들재요, 가재요, 보재요, 보내재요, 운동하재요
		받침 ×		
-냐고 하다	동사	받침 ○	-(느)냬요	먹(느)냬요, 가(느)냬요, 공부하(느)냬요, 듣(느)냬요, *사(느)냬요
		받침 ×		
	형용사	받침 ○	-으냬요	좋으냬요, *어떠냬요
		받침 ×	-냬요	예쁘냬요, 아프냬요
	명사	받침 ○	이냬요	회사원이냬요, 부장이냬요
		받침 ×	냬요	의사냬요, 회사냬요

★ 전달하고자 하는 이야기를 한 사람에 대한 요청일 때는 '-어/아 달래요'를 사용하고, 전달하고자 하는 이야기를 한 사람이 다른 사람을 위해 요청한 경우에는 '-어/아 주래요'를 사용한다.
Khi yêu cầu một người nói lại câu chuyện mà họ muốn truyền đạt thì dùng '-어/아 달래요', Trường hợp yêu cầu người nói truyền đạt nội dung câu chuyện mà họ muốn truyền đạt với một người khác thì dùng '-어/아 주래요'.

- 투안: 저를 좀 도와주세요. → 투안 씨가 좀 도와 달래요.
- 투안: 유미 씨를 좀 도와주세요. → 투안 씨가 유미 씨를 좀 도와주래요.

문법 연습1

1. [보기]와 같이 쓰세요.

[보기] 프엉 : "날씨가 좋아요." → 프엉 씨가 날씨가 좋대요.

(1) 투안: "오늘은 일이 많아서 바빠요."

→ ______________________.

(2) 기태: "저는 매일 한 시간씩 베트남어를 공부해요."

→ ______________________.

(3) 유미: "저기는 회의실이에요."

→ ______________________.

(4) 응옥: "어제 늦게까지 야근을 했어요."

→ ______________________.

(5) 닝껀: "오후에 거래처에서 손님이 오실 거예요."

→ ______________________.

(6) 과장: "내일까지 보고서를 제출하세요."

→ ______________________.

(7) 주임: "작업 시간에 휴대폰을 쓰지 마세요."

→ ______________________.

(8) 투안: "회의 자료 좀 복사해 주세요."

→ ______________________.

(9) 기태: "늦었으니까 택시를 타고 갑시다."

→ ______________________.

(10) 부장: "이 보고서를 작성한 사람이 누구입니까?"

→ ______________________.

(11) 짱: "주말에 시간 있을 때는 무엇을 해요?"

→ ______________________.

문법2

-(으)ㄹ 리가 없다

(동사나 형용사, '이다, 아니다'에 붙어) 어떠한 사실에 대해 확신을 가지고 그럴 이유나 가능성이 없음을 나타낼 때 사용한다.

(Gắn với động từ hoặc tính từ, 'có (이다), không (아니다)') dùng khi người nói nắm chắc về sự thật nào đó và muốn nói rằng lý do đó hoặc khả năng đó là không thể xảy ra.

- 가: 유미 씨 아직 출근 안 했어요?
  나: 유미 씨가 지각할 리가 없는데요. 이상하네요.
- 가: 투안 씨가 저녁 안 먹는다고 하는데요.
  나: 네? 투안 씨가 저녁을 안 먹을 리가 없어요. 분명 먹을 거예요.
- 말도 안 돼요. 그럴 리가 없어요.
- 그렇게 쉽게 살이 빠질 리가 없어요.
- 두 사람이 헤어졌을 리가 없어요.

받침 O	-을 리가 없다	먹을 리가, 갈 리가, 높을 리가, *추울 리가
받침 X ㄹ받침	-ㄹ 리가 없다	갈 리가, 쉴 리가, 지각할 리가, *만들 리가
이다	일 리가 없다	의사일 리가, 부장일 리가, 투안 씨일 리가

★ '-(으)ㄹ 리가 있어요?'의 형태로 쓰여 '-(으)ㄹ 리가 없다'와 같은 의미로 사용할 수 있다.

'-(으)ㄹ 리가 있어요? (~ có lý nào lại ~?)' và '-(으)ㄹ 리가 없다 (~ không có lý nào~)' có thể dùng thay thế cho nhau.

- 날이 이렇게 좋은데 비가 올 리가 있어요?
- 날이 이렇게 좋은데 비가 올 리가 없어요.

문법 연습2

1. [보기]와 같이 쓰세요.

> **[보기]** 시험에 떨어지다, 기분이 좋다
> → 시험에 떨어졌는데 기분이 좋을 리가 없어요.

(1) 아무한테도 말 안 했다, 그 사람이 알다

→ ______________________________.

(2) 투안 씨가 술을 마셨다, 운전을 하다

→ ______________________________.

(3) 가방이 사무실에 있다, 집에 가다

→ ______________________________.

(4) 유미 씨는 항상 친절하다, 나쁜 사람이다

→ ______________________________.

2. [보기]와 같이 쓰세요.

> **[보기]** 가: 다음 달에 비엣비 식당이 문을 닫는대요.
> 나: 네? 장사가 그렇게 잘 되는데 문을 닫을 리가 없어요.

(1) 가: 두 사람이 헤어진대요.

나: 네? ______________________________.

(2) 가: 거래처와 계약이 잘 안 되면 어떡하지요?

나: 걱정하지 마세요. ______________________________.

(3) 가: 다음 달 승진 시험에서 떨어질 것 같아요.

나: 네? ______________________________.

(4) 가: 다음 주에 한국에 가는데 날씨가 추울까요?

나: 아니요. ______________________________.

대화

노우성: 투안 대리 아직 안 왔어요?

이유미: 네. 대리님이 지각할 리가 없는데요. 제가 연락 드려 보겠습니다.

----------------------- 잠시 후 -----------------------

이유미: 과장님, 방금 대리님과 통화가 되었는데요. 회사 오는 길에 교통사고를 당했대요.

노우성: 네? 교통사고요? 많이 다쳤대요?

이유미: 아니요. 다행히 많이 다치지는 않았대요.

노우성: 그래요? 불행 중 다행이네요. 지금 어디래요?

이유미: 지금은 병원인데 다리를 다쳐서 검사를 받는 중이래요. 연락이 늦어서 죄송하다고 전해 달래요. 대리님 때문에 업무에 차질이 생기겠다고 걱정하셨어요.

노우성: 투안 대리도 참! 자기 몸을 먼저 생각해야지. 그 와중에 회사 걱정을 하네요. 다리를 다쳤으면 며칠 회사에 못 나오겠네요.

이유미: 검사 결과를 기다려 봐야 되는데 며칠 입원해야 할 수도 있대요.

노우성: 알겠어요. 투안 대리한테 일단 몸조리 잘하라고 전해 줘요.

- 불행 중 다행이다
- 차질이 생기다
- 그 와중에
- 몸조리를 하다

- 투안 씨한테 무슨 일이 생겼습니까?
- 과장님이 투안 씨한테 전하고 싶은 말은 무엇입니까?

08

큰일 날 뻔했네요

1 이 사람에게 무슨 일이 있었습니까?

2 여러분은 교통사고와 관련한 경험이 있습니까?

학습 목표

- 주제: 병문안
- 어휘: 병문안과 위로
- 문법: -(으)ㄹ까 봐, -(으)ㄹ 뻔하다

어휘

병문안과 위로

문병을 가다	병문안 시간	면회 수칙	감염 예방
건강을 되찾다	빨리 회복하시기 바랍니다	얼른 나으세요	쾌유/쾌차를 빕니다

- 투안 대리님이 교통사고로 입원을 해서 우리 팀 사람들이 함께 **문병을 갔어요**.
- 그 병원은 **병문안 시간**이 오후 여섯 시부터 여덟 시까지였어요.

> ❸ 위로
> ❸ 격려

- 저는 병실에 꽃을 사 가면 안 된다는 **면회 수칙**을 읽고 왜 그런지 궁금했어요.
- 병문안을 가는 사람은 **감염 예방**을 위해서 병실에 들어가기 전에 손을 깨끗이 씻어야 해요.
- 저는 대리님이 얼른 **건강을 되찾아서** 퇴원하면 좋겠다고 생각했어요.
- 우리는 모두 투안 대리님에게 위로와 격려의 인사를 했어요.
  "빨리 회복하시기 바랍니다.", "얼른 나으세요."라고 말했습니다.
- 부장님은 오늘 회의 때문에 병문안을 못 오셨어요. 대신에 투안 대리님에게 카드를 보냈는데 카드에는 **"쾌유를 빕니다."** 라고 쓰여 있었어요.

어휘 연습

1. [보기]에서 알맞은 말을 골라 쓰세요.

[보기] 감염 예방　병문안 시간　면회 수칙

베한병원 병문안 안내

베한병원을 찾아 주신 방문객 여러분,
환자의 안전과 건강을 위해 다음의 사항을 꼭 지켜 주십시오.

- (1) ________ : 오후 6시 ~ 8시
- (2) ________

✔ 꽃이나 화분의 병실 반입을 금지합니다.

✔ (3) ________ 을 위해 병실에 들어가시기 전에 반드시 손을 씻으십시오.

✔ 외부 음식물을 먹는 것은 금지되어 있습니다.

2. [보기]와 같이 쓰세요.

[보기] 가: 짱 씨, 이렇게 와 줘서 고마워요.
나: 별 말씀을요. 빨리 건강을 되찾으시기 바랍니다.

(1) 가: 바쁘실 텐데 병문안까지 안 오셔도 되는데요.
나: 당연히 와 봐야죠. ________.

(2) 가: 과장님이 ________ 전해 달라고 하셨어요.
나: 과장님께 감사하다고 전해 주세요.

(3) 가: ________.
나: 와 주셔서 감사합니다. 조심해서 가세요.

-(으)ㄹ까 봐

(동사나 형용사, '이다, 아니다'에 붙어) 어떤 행위가 발생하거나 어떤 상황이 될 것에 대한 추측을 나타낸다. 이러한 추측이 염려스럽거나 걱정스러울 때 사용한다.

(Gắn với động từ hoặc tính từ, có '이다',không có '아니다') Thể hiện sự dự đoán về hành vi nào đó sẽ phát sinh hoặc tình huống nào đó sẽ trở nên như thế nào. Cấu trúc dự đoán này được dùng khi cảm thấy nghi ngờ hoặc lo lắng.

- 가: 어쩌다가 넘어졌어요?
  나: 회사에 늦을까 봐 서두르다가 계단에서 미끄러졌어요.
- 가: 배가 고플까 봐 간식을 가져 왔어요.
  나: 우와! 고마워요. 안 그래도 배가 고팠어요.
- 중요한 시험인데, 실수할까 봐 걱정이에요.
- 짱 씨가 제 사과를 안 받아 줄까 봐 고민이에요.

받침 O	-을까 봐	찾을까 봐, 먹을까 봐, 늦을까 봐, 작을까 봐, *들을까 봐, *가벼울까 봐
받침 X	-ㄹ까 봐	쉴까 봐, 부를까 봐, 올까 봐, 아플까 봐, 클까 봐, 다를까 봐 *놀까 봐, *살까 봐, *알까 봐, *길까 봐
ㄹ 받침		

★ 과거 '-었-'과 결합할 수 있다.

- 수업이 끝났을까 봐 걱정했어요. (○)

★ 미래·추측의 '-겠-'과 결합하지 않는다.

- 기차가 떠나겠을까 봐 서둘렀다. (×)

문법 연습1

1. [보기]와 같이 연결하고 문장을 쓰세요.

[보기]	늦잠을 자다 •	•	따뜻하게 입다
(1)	음식이 남다 •	•	말을 못 하다
(2)	감기에 걸리다 •	•	알람시계를 맞추다
(3)	걱정하다 •	•	조금만 만들다

[보기] 늦잠을 잘까 봐 알람시계를 맞췄어요.

(1) ______________________________.

(2) ______________________________.

(3) ______________________________.

2. [보기]와 같이 쓰세요.

[보기] 가: 아잉 씨, 선물 고마워요. 옷이 저한테 정말 잘 맞아요.
나: 다행이에요. 옷이 좀 작을까 봐 걱정했거든요.

(1) 가: 뚱 씨, 왜 그렇게 커피를 많이 마셔요?
나: 수업 시간에 ______________ 커피를 마시고 있어요.

(2) 가: 프레젠테이션 준비는 많이 했어요?
나: 열심히 했는데 그래도 ______________ 걱정이에요.

(3) 가: 마이 씨, 좀 크게 이야기해 주세요. 잘 안 들려요.
나: 다른 사람들이 ______________ 작게 이야기하는 거예요.

(4) 가: 왜 주스에 이름을 써서 냉장고에 넣어요?
나: 여러 사람이 쓰는 냉장고니까 다른 사람이 모르고 ______________ 이름을 썼어요.

문법2

-(으)ㄹ 뻔하다

(동사에 붙어) 어떤 상황이 실제로 일어나지는 않았지만 그럴 가능성이 매우 높았음을 나타낸다.

(Gắn với động từ) Thể hiện khi muốn nói về mặc dù tình huống nào đó trên thực tế đã không xảy ra nhưng khả năng sự việc đó xảy ra đã là rất cao.

- 가: 오늘 아침에 늦잠을 자서 회의에 늦을 뻔했어요.
  나: 그래도 안 늦어서 정말 다행이에요.
- 가: 가스레인지에 불을 켜 놓고 잊어버려서 불이 날 뻔했어요.
  나: 저런! 불을 사용할 때는 항상 조심하세요.
- 오늘 통근 버스에 가방을 놓고 내릴 뻔했어요.
- 이번 시험에서 1등을 할 뻔했는데 못 해서 아쉬워요.

받침 O	-을 뻔하다	찾을 뻔하다, 먹을 뻔하다, 늦을 뻔하다, 죽을 뻔하다, *들을 뻔하다
받침 X	-ㄹ 뻔하다	내릴 뻔하다, 다칠 뻔하다, 놓칠 뻔하다, 부딪힐 뻔하다, 넘어질 뻔하다, *울 뻔하다
ㄹ 받침		

★ '하마터면' 등과 함께 쓰여 나쁜 상황이 실제로 일어나지 않아 다행이라는 의미를 강조할 수 있다.

Nó được dùng cùng với cấu trúc 'suýt nữa, chút nữa (하마터면)' để nhấn mạnh ý: may mắn là thực tế đã không xảy ra tình huống xấu.

- 하마터면 교통사고가 날 뻔했어요.
- 하마터면 그 이야기를 해 버릴 뻔했어요.

★ 구어에서 주로 '-(으)ㄹ 뻔했어요'의 형태로 많이 사용된다.

Trong khẩu ngữ thường được dùng nhiều dưới hình thức mẫu câu: '-(으)ㄹ 뻔했어요'

- 아까 계단에서 넘어질 뻔했어요.
- 식당에 사람이 너무 많아서 밥을 못 먹을 뻔했어요.

문법 연습2

1. [보기]와 같이 알맞은 말을 골라 쓰세요.

지각하다　내리다　울다　놓치다　떨어뜨리다

[보기] 길이 너무 막혀서 지각할 뻔했어요.

(1) 손이 미끄러워서 휴대폰을 ________________.

(2) 버스 안에서 졸다가 회사 앞에서 못 ________________.

(3) 시계를 잘못 봐서 비행기를 ________________.

(4) 영화가 너무 감동적이어서 ________________.

2. [보기]와 같이 쓰세요.

[보기] 가: 오늘 회사에 오는 길에 교통사고가 날 뻔했어요.
나: 어쩌다가요? 안 다쳤어요?

(1) 가: 지갑을 떨어뜨리신 것 같은데요.
나: 감사합니다. 지갑을 ________________.

(2) 가: 이 빵이 유통기한이 한참 지났네요.
나: 정말요? 아까 ________________ 안 먹어서 다행이에요.

(3) 가: 연락도 없이 어쩐 일이에요? 지금 막 외근을 나가려고 했어요.
나: 조금만 늦었으면 못 ________________.

(4) 가: 화 씨가 남자친구와 헤어졌대요.
나: 그래요? 하마터면 언제 결혼하느냐고 ________________.

대화

이유미: 대리님, 저희 왔어요.

투　안: 어, 유미 씨, 과장님까지, 이렇게 다들 안 오셔도 되는데….

노우성: 우리 팀원이 다쳤는데 당연히 와 봐야지, 무슨 말이에요?

투　안: 다들 바쁘신데 죄송해서요. 이렇게 와 주셔서 정말 감사합니다.

이유미: 그나저나 대리님, 몸은 좀 괜찮으세요? 영업팀 직원들 모두 얼마나 걱정했는데요.

투　안: 보시다시피 괜찮습니다. 며칠만 입원해 있으면 된대요.

노우성: 역시 투안 씨는 밝아서 좋아요. 그런데 어쩌다가 사고가 난 거예요?

투　안: 그게 제가 집 앞 횡단보도에 서 있었는데요. 회사에 늦을까 봐 급하게 건너다가 지나가는 오토바이하고 부딪쳤어요.

노우성: 저런, 큰일 날 뻔했네요.

투　안: 네, 다행히 정면으로 부딪치지는 않았어요. 검사해 보니까 다리에 금이 가서 한 달 정도 깁스를 하면 괜찮을 거래요.

- 무슨 말이에요?
- 그나저나
- 보시다시피
- 어쩌다가
- 부딪치다
- 정면
- 금이 가다
- 깁스를 하다

- 영업팀 사람들이 왜 병원에 왔습니까?
- 투안 씨는 어떻게 하다가 다쳤습니까?

09 교통사고 당했다면서?

1. 사람들이 무슨 이야기를 하고 있습니까?
2. 어떤 사람의 말을 다른 사람에게 확인할 때 어떻게 말합니까?

학습 목표

- 주제: 안부
- 어휘: 안부와 근황
- 문법: -다면서(요), 반말

어휘

안부와 근황

오랜만이에요	그동안 잘 지냈어요?	요즘 어떻게 지내요?
하는 일은 잘돼 가요?	잘 지냈어요	정신이 없어요
한가해요	별일 없어요	그저 그래요

- 마이 씨, **오랜만이에요**.
- 그러게요. 유미 씨는 **그동안 잘 지냈어요?**
- 네, **잘 지냈어요**. 마이 씨는 **요즘 어떻게 지내요?**
- 저도 **별일 없어요**. 유미 씨, **하는 일은 잘돼 가요?**
- 네. 일이 많아서 **정신이 없어요**. 마이 씨도 계속 바빠요?
- 아니요. 얼마 전에 프로젝트가 끝나서 요즘 좀 **한가해요**.

어휘 연습

1. [보기]와 같이 연결하세요.

[보기]	그동안 어떻게 지냈어요? •	• 네. 잘되고 있어요.
(1)	오랜만이에요. •	• 잘 지냈어요. 마이 씨는요?
(2)	요즘 어떻게 지내요? •	• 그러게요. 어떻게 지내셨어요?
(3)	하는 일은 잘돼 가요? •	• 바빠서 정신이 없어요.

2. [보기]에서 알맞은 말을 골라 쓰세요.

[보기] 한가해요 오랜만이에요 잘 지냈어요 그저 그랬어요

(1) 가: 안녕하세요? 잘 지냈어요?
나: 네. ＿＿＿＿＿＿＿＿.

(2) 가: 그동안 잘 지냈어요?
나: 별로요. ＿＿＿＿＿＿＿＿. 몸이 좀 아팠거든요.

(3) 가: 유미 씨, 요즘도 많이 바빠요?
나: 아니요. 일이 잘 마무리돼서 이제 좀 ＿＿＿＿＿＿＿＿.

(4) 가: 마이 씨, 정말 ＿＿＿＿＿＿＿＿.
나: 그러게요. 우리 마지막으로 만난 게 일 년 전이지요?

문법1

-다면서(요)

(동사, 형용사, '이다, 아니다'에 붙어) 다른 사람에게 들은 내용을 상대방에게 물어서 확인할 때에 사용한다. 주로 구어에서 사용한다.

(Gắn với động từ hoặc tính từ, có '이다', không có '아니다') Dùng khi hỏi để xác nhận lại với người đối diện về nội dung mà bạn nghe được từ người khác. Chủ yếu dùng trong văn nói.

- 가: 유미 씨, 내일 한국에 간다면서요?
  나: 네. 고향에 가서 부모님 좀 뵙고 오려고요.
- 가: 야근할 때마다 라면을 먹는다면서요?
  나: 어떻게 알았어요? 밤에 먹는 라면이 맛있잖아요.
- 음식을 잘 만든다면서요?
- 중요한 손님이 오셨다면서?

<table>
<tr><td rowspan="3">동사</td><td>받침 ○</td><td>-는다면서(요)</td><td>먹는다면서, 듣는다면서</td></tr>
<tr><td>받침 ×</td><td rowspan="2">-ㄴ다면서(요)</td><td rowspan="2">간다면서, 일한다면서, 배운다면서
*만든다면서, *산다면서</td></tr>
<tr><td>ㄹ 받침</td></tr>
<tr><td rowspan="2">형용사</td><td>받침 ×</td><td rowspan="2">-다면서(요)</td><td rowspan="2">크다면서, 좋다면서, 멀다면서</td></tr>
<tr><td>ㄹ 받침</td></tr>
<tr><td rowspan="2">명사</td><td>받침 ○</td><td>이라면서(요)</td><td>유행이라면서, 집이라면서</td></tr>
<tr><td>받침 ×</td><td>라면서(요)</td><td>여기라면서, 자료라면서</td></tr>
<tr><td colspan="2">과거</td><td>-었다면서(요)
-았다면서(요)
-했다면서(요)</td><td>먹었다면서, 됐다면서, *들었다면서
갔다면서, 좋았다면서, *바빴다면서
일했다면서, 전화했다면서</td></tr>
<tr><td colspan="2">미래</td><td>-을 거라면서(요)
-ㄹ 거라면서(요)</td><td>먹을 거라면서, 좋을 거라면서, *들을 거라면서
갈 거라면서, 클 거라면서, *만들 거라면서</td></tr>
</table>

문법 연습1

1. [보기]와 같이 쓰세요.

[보기] (마이 씨가 한국에 온대요. 맞아요?)
→ 마이 씨가 한국에 온다면서요?

(1) (이 노래가 유행이래요. 진짜예요?) → ______________________?

(2) (아잉 씨가 아프대요. 그래요?) → ______________________?

(3) (하 씨가 영어를 잘한대요. 사실이에요?) → ______________________?

(4) (회의가 취소됐대요. 정말이에요?) → ______________________?

2. [보기]에서 알맞은 말을 골라 쓰세요.

[보기]		
	오늘 야근이다	승진 시험이 어렵다
	한국에 갔다 오다	중요한 손님이 방문하시다

(1) 가: ______________________?
나: 네. 이번 주까지 물량을 맞춰야 한대요.

(2) 가: 하 씨, ______________________?
나: 네. 지난달에 출장으로 다녀왔어요.

(3) 가: ______________________?
나: 걱정 마세요. 준비 많이 했으니까 합격할 거예요.

(4) 가: ______________________?
나: 어떻게 알았어요? 그것 때문에 준비할 게 많아요.

반말

서로 매우 친하거나 존대 관계가 분명치 않을 때 격식을 차리지 않고 가볍게 쓰는 말이다. 보통 자기보다 나이가 어린 사람에게 사용한다.

Đây là văn phong dùng để nói một cách nhẹ nhàng khi quan hệ giữa hai người rất thân thiết hoặc mối quan hệ giữa hai người không cần phải dùng đến kính ngữ. Thường được sử dụng với những người ít tuổi hơn mình.

- 가: 이 과일 이름이 뭐야?
  나: 그거? 감이라고 해.
- 가: 승우야, 짐 옮기는 거 좀 도와 줘.
  나: 잠깐만. 5분만 기다려.
- 미영아, 한 시간 후에 통화하자.
- 우진아, 아빠 곧 도착하신대. 밥 먹을 준비해라.

높임말		반말	
(이름) 씨	승우 씨	(이름)아/야	승우야
-어/아요	만나요	-어/아	만나
-어/아요?	만나요?	-어/아? -니?	만나? 만나니?
-(으)ㅂ시다	만납시다	-자	만나자
-(으)세요	만나세요	-어/아 -어라/아라	만나 만나라
이에요 예요	회사원이에요 간호사예요	이야 야	회사원이야 간호사야

★ 자기를 가리키는 말은 '나'로 바꾼다. Lời nói để chỉ bản thân mình được đổi thành '나 (tôi, tao, tớ)'

- 저도 잘 모르겠어요. → 나도 잘 모르겠어.

★ '네'는 '응', '아니요'는 '아니', '아니에요'는 '아니야'로 바꾼다. từ '네 (vâng)' đổi thành '응(ừ)'; '아니요(không ạ)'는 '아니(không)', '아니에요(không phải là… ạ)'는 '아니야(không phải là)'

- 가: 이거 맛있어?
  나: 응, 되게 맛있어. / 아니. 별로 맛없어.
- 그거 내가 만든 게 아니야.

★ 외국인 이름을 부를 때에는 '아/야'를 붙이지 않아도 된다. Khi gọi tên người nước ngoài không cần dùng thêm '아/야' cũng được.

- 줄리, 이 책 재미있어?
- 투안, 우리 여기 가 보자.

문법 연습2

1. [보기]와 같이 반말로 바꾸세요.

높임말	반말	높임말	반말
우성 씨	[보기] 우성아	유미 씨	(1)
영화를 봐요	(2)	택시를 탔어요	(3)
내일 갈 거예요	(4)	언제 만날까요?	(5)
자료 좀 주세요	(6)	맛있게 드세요	(7)
제 친구예요	(8)	저랑 같이 가요	(9)

2. [보기]와 같이 반말로 바꾸세요.

[보기]	가: 유미 씨, 어제 뭐 했어요? 나: 친구하고 쇼핑했어요.	→	가: 유미야, 어제 뭐 했어? 나: 친구하고 쇼핑했어.

(1) 가: 식당 전화번호가 몇 번이에요?
나: 저도 몰라요.
→ 가: ____________?
나: ____________.

(2) 가: 한국어 공부 같이 합시다.
나: 그래요. 언제 시작할까요?
→ 가: ____________.
나: ____________?

(3) 가: 수진 씨, 크게 말해 주세요.
나: 네. 알겠습니다.
→ 가: ____________.
나: ____________.

(4) 가: 저 좀 잠깐 나갔다 올게요.
나: 그러세요.
→ 가: ____________.
나: ____________.

대화

투 안: 여보세요. 재성아, 웬일이야? 네가 전화를 다 하고.

정재성: 그래, 오랜만이다. 그런데 너 교통사고 당했다면서? 괜찮아?

투 안: 아, 별거 아니야. 다리만 조금 다쳤어. 걱정해 줘서 고마워.

정재성: 친구들이 걱정 많이 했는데 다행이다. 목소리 들으니까 살 만한 것 같네.

투 안: 참, 너 회사 옮겼다면서? 다닐 만해?

정재성: 직장 생활이 다 그렇지, 뭐. 맞다! 나 이번 여름에 베트남에 갈 것 같아.

투 안: 진짜? 무슨 일로?

정재성: 우리 회사가 이번에 베트남 쪽하고 거래를 하는데, 출장으로 가게 될 것 같아.

투 안: 와, 재성이 출세했네. 해외도 다니고. 시간 되면 꼭 만나자! 만나서 회포를 풀어야지.

정재성: 그래. 그때 꼭 볼 수 있었으면 좋겠다. 잘 지내. 또 연락할게.

- 사고를 당하다
- 별거 아니다
- 살 만하다
- 참
- 출세하다
- 회포를 풀다

- 두 사람은 어떤 관계입니까?
- 최근 재성에게 무슨 일이 있었습니까?

10 저희 제품이 좋은 평가를 받았다니 기쁩니다

1 사람들이 무엇을 하고 있습니까?

2 좋은 제품인지 아닌지는 무엇을 보고 알 수 있습니까?

학습 목표

- 주제: 계약 전
- 어휘: 제품 평가
- 문법: -다니(까), 에 대해(서)

어휘

제품 평가

튼튼하다	견고하다	중량이 가볍다
값이 저렴하다	성능이 뛰어나다	성능이 떨어지다
고장이 잦다	품질을 개선하다	사후 관리가 잘되다

- 한 달 동안 배낭여행을 다녀온다면서요? 오래 걸으려면 **튼튼한** 신발을 준비해야겠네요.
- 이건 높은 곳에서 떨어뜨려도 깨지지 않습니다. 아주 **견고하게** 만들어졌어요.

> ⊕ 떨어뜨리다
> ⊕ 깨지다
> ⊕ 규격
> ⊕ 농산물

- 신제품의 규격은 이전과 달라진 게 없습니다. 그렇지만 **중량이** 훨씬 **가벼워졌습니다**.
- 농장에 직접 가니까 품질 좋은 농산물을 **저렴하게** 구입할 수 있었다.
- 이 진공청소기는 크기는 작지만 **성능이 뛰어나서** 아주 작은 먼지도 놓치지 않습니다.
- 냉장고를 구입한 지 십 년이 넘으니까 **성능이 떨어지는** 것 같다.
- 엘리베이터가 **고장이 잦아서** 계단으로 다니는 일이 많다.
- 새로 출시한 휴대 전화는 배터리가 빨리 방전되는 점을 **개선하였다**.
- 이 회사는 제품에 고장이 났을 때 맡길 수 있는 서비스 센터가 여러 지역에 있다. 그래서 **사후 관리가 잘된다**.

어휘 연습

1. [보기]에서 알맞은 말을 골라 쓰세요.

[보기]	저렴하다 뛰어나다 개선하다 잘되다

(1) 요즘 카메라는 성능이 ________ 사진이 아주 잘 나온다.

(2) 새 차는 가격이 부담스러워서 ________ 중고차를 구입했다.

(3) 소비자들이 만족할 수 있도록 서비스를 ________.

(4) 우리 집 세탁기는 구입한 지 5년이 지났는데 아직 새 것 같다. 그동안 관리가 무척 ________.

2. [보기]와 같이 알맞은 말을 고르세요.

[보기]	이 제품은 (튼튼해서 / 약해서) 고장이 별로 안 난다.

(1) 이건 (규격 / 중량)이 가벼워서 아이도 들 수 있다.

(2) 저희 그릇은 떨어뜨려도 깨지지 않도록 (견고하게 / 부드럽게) 만들어졌습니다.

(3) 회사 앞 신호등이 고장이 (잦아서 / 적어서) 교통이 복잡하다.

(4) 냉장고에 넣어 놓은 음식이 쉽게 상한다. 냉장고 성능이 (떨어진 / 개선된) 것 같다.

문법1

-다니(까)

(동사와 형용사, 명사에 붙어) 들은 말이 뒷말을 하는 판단의 근거임을 나타낸다. '다고 하니(까)' 의 줄어든 말이다.

(Gắn với động từ , tính từ hoặc danh từ) Thể hiện lời nghe được là căn cứ của phán đoán được để cập đến ở câu nói phía sau. Đây là dạng rút gọn của cấu trúc '다고하니(까)

- 가: 신제품 아이디어가 참 좋습니다.
  나: 마음에 드셨다니 기쁩니다.
- 가: 이번 시험 잘 볼 수 있을까요?
  나: 열심히 공부했다니 결과가 좋을 거예요.
- 오늘도 시간이 없다니 어쩔 수 없네요.
- 우리 제품이 올해의 대상이라니 믿을 수 없는 일이 생겼다.

동사	-는다니	먹는다니, 읽는다니, 듣는다니
형용사	-다니	좋다니, 무겁다니, 있다니, 바쁘다니, 다르다니
이다 아니다	(이)라니 아니라니	친구라니, 부모라니, 상이라니 담당이 아니라니

문법 연습1

1. [보기]와 같이 쓰세요.

[보기] (오다) 유학 간 동생이 오랜만에 고향에 온다니 기대돼요.

(1) (맛있다) 제가 만든 음식이 ______ 다행이에요.

(2) (발표되다) 오늘 합격자가 ______ 떨리네요.

(3) (마음에 들다) 우리 제품이 ______ 기쁩니다.

(4) (공지가 있다) 중요한 ______ 잘 들으세요.

2. [보기]와 같이 쓰세요.

[보기] 가: 미안해. 오늘도 바빠서 못 만날 거 같아.
나: 며칠째 바쁘다니 힘들겠네. 알겠어, 다음에 봐.

(1) 가: 오늘 회식에 갈 거예요?
나: 네. 사장님도 ______ 빠지면 안 되겠지요.

(2) 가: 너무 긴장된다. 이번에는 진짜 열심히 했는데.
나: 걱정 마. 열심히 ______ 이번에 꼭 합격할 거야.

(3) 가: 요 앞에 새로 생긴 식당 있잖아. 거기 음식이 꽤 괜찮대.
나: 그래? 음식이 ______ 한번 같이 가서 먹자.

(4) 가: 하 씨가 아프대요. 우리끼리 작업해요.
나: 오늘도요? 매일 ______ 믿을 수가 없네요.

문법2

에 대해(서)

(명사에 붙어) 앞의 내용을 대상으로 하여 뒤의 상황이나 행동이 이루어짐을 나타낸다.

(Gắn với danh từ) Thể hiện việc lấy nội dung phía trước làm đối tượng thì sẽ tạo nên tình huống hay hành động phía sau.

- 가: 다들 무슨 이야기를 그렇게 재미있게 하고 있어요?
  나: 드라마에 대해서 이야기하고 있었어요.
- 가: 최근 노트북 시장에 대해서 조사했습니다.
  나: 그래요? 보고해 주세요.
- 오늘 뉴스는 최근 변경된 관세에 대하여 말씀드리겠습니다.
- 인턴사원의 업무 중 하나는 경쟁사에 대한 자료를 모으는 일이다.

★ 주로 구어보다는 문어에 많이 사용되고, 구어에 사용될 경우에는 격식적인 상황이나 뉴스 보도와 같이 공식적인 상황에서 주로 사용된다.

Chủ yếu dùng trong văn viết hơn là văn nói. Trong trường hợp dùng trong khẩu ngữ thì chủ yếu được dùng trong những tình huống mang tính chất nghi thức hoặc dùng trong thời sự.

★ 뒤에 오는 말이 명사일 때는 '에 대한'으로 사용한다.

Khi lời nói phía sau là danh từ thì sẽ dùng là '에 대한'

- 사업 계획에 대한 회의를 시작하겠습니다.
- 신제품 개발에 대한 관심이 높아지고 있다.

★ 큰 의미 차이 없이 '에 대하여', '에 관해', '에 관해서'로 사용할 수 있다.

Ta có thể dùng những cấu trúc thay thế như: '에 대하여', '에 관해', '에 관해서', về mặt ý nghĩa chúng không có nhiều sự khác biệt.

- 우리 제품에 대해서/대하여/관해/관해서 관심이 많다고 합니다.

문법 연습2

1. [보기]와 같이 쓰세요.

[보기] (가족) 가족에 대한 글을 읽었다.

(1) (신제품) ______________ 설명하겠습니다.

(2) (한국 역사) ______________ 영화를 봤습니다.

(3) (언론 보도) ______________ 알고 있습니까?

(4) (두 나라 시장) ______________ 자료를 작성하세요.

2. [보기]와 같이 쓰세요.

[보기] 가: 무슨 책을 읽고 있어요?
나: 한국 음식에 대한 책을 읽고 있어요.

(1) 가: 주말에 극장에 다녀왔다면서요? 무슨 영화를 봤어요?
나: 미래 사회 ______________.
꽤 재미있었어요.

(2) 가: 무슨 뉴스인데 그렇게 열심히 봐요?
나: 아, 이거 우리 회사 ______________.
이거 좀 보세요.

(3) 가: 금빛전자 김지수 대리님이 발표해 주시겠습니다.
나: 네. 지금부터 저희 ______________ 소개하겠습니다.

(4) 가: 투안 씨하고 기태 씨 ______________ 들었어요?
나: 아니요. 무슨 일이 있어요?

대화

투 안: 여보세요. 베한전자 영업팀 투안입니다.

한송희: 안녕하세요? 저는 한국병원 총무팀 한송희입니다.
베한전자 제품에 관심이 있어서 연락 드렸습니다.

투 안: 그러세요? 어떤 게 궁금하세요?

한송희: 저희가 이번에 하노이에 종합병원을 개원합니다.
그래서 병실과 각 층 휴게실에 텔레비전을 설치하려는데요. 베한 텔레비전이 우수하다는 말을 들었습니다.

투 안: 저희 제품이 좋은 평가를 받았다니 기쁩니다. 직접 뵙고 제품에 대해 설명 드리고 싶은데요. 언제쯤 방문하면 좋을까요?

한송희: 다음 주 수요일 오전이 가능할 것 같은데 어떠세요?

투 안: 네, 좋습니다. 어디로 찾아가면 될까요?

한송이: 자세한 시간과 주소는 메일로 보내 드리겠습니다.

투 안: 그럼 연락 기다리겠습니다. 감사합니다.

- 에 관심이 있다/없다
- 개원하다
- 설치하다
- 우수하다
- 평가
- 뵙다
- 방문하다
- 찾아가다
- 자세하다

- 여자는 남자에게 왜 전화를 했습니까?
- 두 사람은 앞으로 무엇을 할 계획입니까?

11 열심히 노력하더니 좋은 일이 생겼네요

1. 목표를 세우고 그것을 이룬 적이 있습니까?
2. 현재 이루려고 노력하고 있는 목표가 있습니까?

학습 목표

- 주제: 보람, 칭찬
- 어휘: …력
- 문법: -더니, -기는(요)

어휘

…력

실력	학력	기억력
어휘력	표현력	상상력
생활력	경쟁력	경제력

- 프엉은 모든 일을 완벽하게 처리한다. **실력**이 뛰어난 직원이다.
- 학기마다 학생들의 **학력**을 평가하기 위해 시험을 본다.
- 나는 **기억력**이 좋지 않아서 중요한 일은 꼭 메모를 한다.
- 책을 많이 읽으면 **어휘력**이 좋아진다.
- 그 배우의 연기는 실제 같다. **표현력**이 뛰어나다.
- 아이들은 어른보다 **상상력**이 풍부한 것 같다.
- 나는 아르바이트를 해서 생활비와 학비를 벌었다. **생활력**이 강하다.
- 세계 시장에서 살아남으려면 **경쟁력**이 있는 제품을 개발해야 한다.
- 남한과 북한은 **경제력**에 차이가 크다.

- 학기
- 평가하다
- 실제
- 풍부하다
- 살아남다

어휘 연습

1. [보기]에서 알맞은 말을 골라 쓰세요.

[보기]	기억력 경쟁력 어휘력 상상력

(1) 요즘 ______________이 안 좋아져서 메모를 해야 한다.

(2) ______________을 높이려면 단어를 많이 외우세요.

(3) 그 영화는 감독의 ______________이 뛰어나서 이야기가 흥미롭다.

(4) 이 제품은 ______________이 있으니까 세계 시장에서도 살아남을 수 있을 것이다.

2. 글의 내용과 같은 문장을 고르세요.

배우 김선희 씨의 연기를 보면 연기가 아닌 것 같다. 차가운 회사 사장 역할을 맡으면 사장처럼 보이고, 농촌에 사는 평범한 할머니 역할을 할 때는 할머니처럼 보인다. 역할에 따라 눈빛과 표정, 말투와 행동까지 모두 달라진다.

① 김선희는 기억력이 뛰어나다.

② 김선희는 표현력이 풍부한 배우이다.

③ 김선희는 생활력이 강한 연기를 보여 준다.

④ 김선희는 어휘력이 좋아서 대본을 잘 이해한다.

-더니

(동사나 형용사, '이다, 아니다'에 붙어) 말하는 사람이 과거에 관찰하여 알게 된 사실에 대해 어떤 결과가 나타났는지 말할 때 사용한다.

(Gắn với động từ hoặc tính từ, 'có (이다), không (아니다)') Dùng khi người nói quan sát quá khứ rồi nói kết quả đã xảy ra với sự thật mà mình đã biết.

- 가: 하 씨가 자리에 없네요. 어디에 갔어요?
  나: 양호실에 갔어요. 옷을 얇게 입고 다니더니 감기에 걸렸나 봐요.
- 가: 응웬 말이야. 한국 사람과 결혼하더니 한국말이 유창해졌어.
  나: 그래? 역시 언어를 배우는 가장 좋은 방법은 연애인가 봐.
- 황 씨가 꾸준히 노력하더니 합격했어요.
- 마이 씨가 열심히 운동하더니 건강해졌어요.

★ '-더니' 앞과 뒤의 주어가 같거나, 주제가 같다.

chủ ngữ hoặc chủ đề ở trước hoặc sau '-더니' là giống nhau.

- 언니가 커피를 마시더니 (언니가) 밤새 잠을 못 잤다.
- 비가 오더니 공기가 깨끗해졌다. (날씨 주제)

★ 보통 1인칭을 주어로 사용하지 않는다.

Thông thường ngôi thứ nhất không được dùng làm chủ ngữ.

- 지호가 춤을 잘 추더니 댄스 가수가 됐다. (○)
- 내가 춤을 잘 추더니 댄스 가수가 됐다. (×)

★ 1인칭을 객관화할 수 있는 경우에는 1인칭 주어를 사용한다.

Trong trường hợp có thể khách quan hóa ngôi thứ nhất thì sử dụng chủ ngữ là ngôi thứ nhất.

- 꿈을 꿨는데, 내가 여기저기 여행을 많이 다니더니 여행 작가가 돼 있었어.

★ 1인칭 주어는 사람의 심리, 기분, 감각을 나타내는 형용사와 함께 사용할 수 있다.

Chủ ngữ ngôi thứ nhất có thể sử dụng cùng với tính từ thể hiện tâm lý, tâm trạng, cảm giác của con người.

- (내가) 아침부터 기분이 안 좋더니 실수도 하고 일이 잘 안 되네요.

문법 연습1

1. [보기]와 같이 연결하고 문장을 쓰세요.

[보기]	동생이 밥을 급하게 먹었다 •	• 얼굴이 부었다
(1)	민지가 라면을 먹고 잤다 •	• 생활비가 떨어졌다
(2)	수지가 열심히 공부했다 •	• 시험에 합격했다
(3)	바람이 무섭게 불었다 •	• 나무가 쓰러졌다
(4)	친구가 이것저것 많이 샀다 •	• 체했다
(5)	언니가 밤새 드라마를 봤다 •	• 눈이 빨개졌다

[보기] 동생이 밥을 급하게 먹더니 체했어요.

(1) ______________________________.

(2) ______________________________.

(3) ______________________________.

(4) ______________________________.

(5) ______________________________.

문법2

-기는(요)

(동사, 형용사에 붙어) 상대방의 말을 가볍게 부정하거나 반박함을 나타낸다.

(Gắn với động từ hoặc tính từ) thể hiện sự phủ định hoặc phản bác nhẹ nhàng lời nói của đối phương.

- 가: 한국말을 아주 잘하시네요.
  나: 잘하기는요. 아직 배울 게 많아요.
- 가: 수박 한 통에 이만 동이라고요? 너무 비싸네요.
  나: 비싸기는요. 지금은 제철이 아니잖아요.
- 가: 벌써 출력해요? 보고서를 벌써 다 썼나 봐요.
  나: 다 쓰기는요. 자료 조사만 했어요.

★ 줄여서 '-긴요'로도 사용한다.

Còn được dùng với dạng viết gọn lại thành '-긴요'

- 가: 집에서 회사까지 가깝지요?
  나: 가깝긴요. 버스로 한 시간쯤 걸려요.

★ 칭찬하는 말에 대답으로 사용될 때에는 겸손의 표현으로 사용한다.

Trong khi sử dụng làm câu đáp trong câu nói khen ngợi thì nó được sử dụng là một cấu trúc ngữ pháp chỉ sự khiêm tốn.

- 가: 노래 솜씨가 좋으시네요.
  나: 좋기는요. 저보다 투안 씨가 훨씬 잘하세요.
  (상대의 말을 부정하기보다는 겸손의 의미이다.)
  (Nó có ý nghĩa chỉ sự khiêm tốn hơn là phủ định lời nói của đối phương)

문법 연습2

1. [보기]와 같이 쓰세요.

[보기]	노래를 잘하지요? → 잘하기는요.

(1) 오늘 멋있네요. → ______________________.

(2) 이거 싸지요? → ______________________.

(3) 역시 대단하세요. → ______________________.

(4) 발표 잘하더라고요. → ______________________.

2. [보기]와 같이 쓰세요.

[보기] 가: 이 모자 멋있지 않아요?
나: 멋있기는요. 저는 저게 더 좋은 것 같아요.

(1) 가: 어때요? 좀 매울 것 같은데요.

나: ______________________. 입에 딱 맞아서 아주 맛있습니다.

(2) 가: 방이 좀 작은데요. 불편하시면 말씀하세요.

나: ______________________. 이 정도면 충분한데요.

(3) 가: 30분 정도 더 기다리셔야겠어요. 바쁘실 것 같은데 죄송합니다.

나: ______________________. 괜찮습니다. 편하게 일 보세요.

(4) 가: 생일 축하드립니다. 선물을 준비했는데, 별거 아니라서 부끄럽습니다.

나: ______________________. 이거 갖고 싶었어요. 고맙습니다.

대화

정세아: 투안 씨, 새로운 거래처가 생겼다고 들었는데요.

투　안: 네. 한국병원에서 먼저 연락이 왔는데 잘하면 큰 거래처가 되겠어요.

정세아: 여기저기 열심히 뛰어다니더니 좋은 일이 생겼네요. 투안 씨, 역시 대단해요.

투　안: 대단하기는요. 아직 확실하게 정해진 것은 없어요. 다음 주 수요일 회의를 하고 나면 결정될 거예요.

정세아: 잘되겠죠. 우리 제품은 성능이 우수하고 가격도 저렴하니까 경쟁력이 있어요. 걱정 마세요.

투　안: 하지만 요즘 금빛전자가 무서운 속도로 우리를 따라잡고 있어서 마음을 놓을 수 없어요.

정세아: 하긴 예전에는 우리 상대도 안 되더니 요즘은 잘나가더라고요.

투　안: 오늘부터 열심히 준비해야겠어요.

- 확실하다
- 저렴하다
- 경쟁력이 있다
- 속도
- 따라잡다
- 마음을 놓다
- 상대가 되다
- 잘나가다
- 하긴(=하기는)

- 두 사람은 무엇에 대해 이야기를 하고 있습니까?
- 여자는 베한전자 제품의 경쟁력이 무엇이라고 생각합니까?

12 사용하시다가 보면 무척 만족하실 겁니다

1 사람들이 지금 무엇을 하고 있습니까?

2 여러분은 거래처와 가격 협상을 할 때 어떻게 합니까?

학습 목표

- 주제: 가격 협상과 계약 체결
- 어휘: 가격 협상
- 문법: -(으)ㄹ 뿐만 아니라, -다(가) 보면

어휘

가격 협상

가격	올리다	내리다	조정하다
단가	높이다	낮추다	책정하다
가격을 협상하다		단가가 상승하다	

- 명품업체들이 기존 제품의 **가격을 올려** 소비자들의 원성을 듣고 있다.
- 개점 10주년 행사로 가전제품의 **가격을 파격적으로 내렸습니다**.
- 제품의 **가격을 하향 조정해** 주시면 감사하겠습니다.
- 제품의 **단가를 높이면** 매출이 올라갈 것입니다.
- 기술 개발을 통해 제품의 **단가를 낮출** 수 있었습니다.
- **단가를 저렴하게 책정해서** 할인 폭이 크지 않습니다.
- 거래처와 **가격 협상**을 통해 원만한 합의를 이끌어 냈다.
- 부품의 **단가가 상승해서** 완제품 판매에 어려움을 겪고 있다.

- 명품업체
- 원성을 듣다
- 파격적으로
- 하향
- 원만하다
- 합의
- 이끌어 내다
- 완제품

어휘 연습

1. [보기]와 같이 그림에 알맞은 말을 찾아서 연결하세요.

[보기]

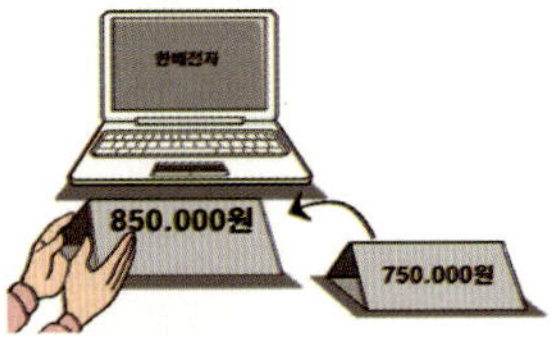

• ——— • 가격을 올리다

(1)

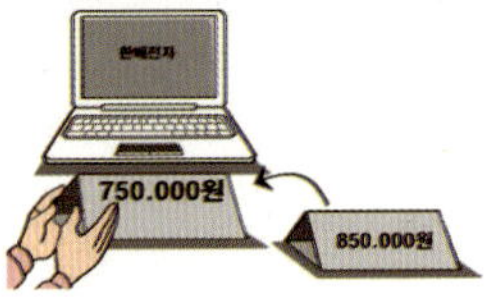

• • 단가를 낮추다

(2)

전월 단가	5.000원
금월 단가	5.500원

• • 가격을 내리다

(3)

전월 단가	700원
금월 단가	600원

• • 단가를 높이다

2. [보기]와 같이 알맞은 말을 골라 쓰세요.

협상하다　상승하다　조정하다　책정하다

[보기] 가: 제품 가격을 하향 조정해 주실 수 있을까요?
나: 현 가격에서 3% 할인해 드릴 수 있습니다.

(1) 가: 가격 조정은 어려울까요?
나: 죄송합니다. 최근에 부품 단가가 ______________ 어렵습니다.

(2) 가: 가격은 언제쯤 알 수 있을까요?
나: 다음 주 최종 회의를 통해 가격이 ______________.

(3) 가: 거래처와 ______________ 것은 어떻게 되었습니까?
나: 네. 서로 조금씩 양보하여 5% 인하된 가격으로 계약하였습니다.

문법1

-(으)ㄹ 뿐만 아니라

앞말에 제한되지 않고 다른 것이 더 있음을 나타낼 때 사용한다.

Sử dụng khi một sự vật, sự việc không chỉ bị giới hạn bởi nội dung vế trước mà còn có nội dung khác nữa.

- 가: 투안 씨는 일을 잘할 뿐만 아니라 열심히 하는 것 같아요.
  나: 그렇죠? 그리고 성격도 좋을 뿐만 아니라 항상 친절해요.
- 가: 와, 이 식당은 음식이 맛있을 뿐만 아니라 가격도 싸네요.
  나: 네. 식당이 깨끗할 뿐만 아니라 분위기도 좋지요.
- 비가 심하게 왔을 뿐만 아니라 바람도 세게 불었다.
- 재성 씨는 가수일 뿐만 아니라 배우이기도 하다.

받침 ○	-을 뿐만 아니라	먹을 뿐만 아니라, 읽을 뿐만 아니라, 좋을 뿐만 아니라 *들을 뿐만 아니라, *추울 뿐만 아니라
받침 × ㄹ 받침	-ㄹ 뿐만 아니라	갈 뿐만 아니라, 마실 뿐만 아니라, 예쁠 뿐만 아니라, 쌀 뿐만 아니라, *놀 뿐만 아니라
이다	일 뿐만 아니라	회사원일 뿐만 아니라, 가수일 뿐만 아니라

★ 명사나 일부 조사 뒤에 '뿐만 아니라'를 사용하는 경우 앞말에 제한되지 않고 다른 것이 더 있음을 강조하는 표현으로 사용된다. 이때 '뿐'은 조사로 앞말에 붙여 사용한다.

Trong trường hợp sử dụng cấu trúc '뿐만 아니라' sau một số danh từ hay tiểu từ thì cấu trúc này sẽ được dùng với ý nhấn mạnh rằng: không bị hạn chế bởi lời nói ở phía trước mà còn có thêm cả cái khác nữa.

- 투안 씨는 한국어뿐만 아니라 영어도 잘한다.
- 계약소식을 듣고 영업팀 사람들뿐만 아니라 회사 직원 모두가 좋아했다.

문법 연습1

1. [보기]와 같이 쓰세요.

[보기] 투안, 기타를 잘 친다, 노래를 잘한다.
→ 투안 씨는 기타를 잘 칠 뿐만 아니라 노래도 잘해요.

(1) 기태, 음식을 좋아하다, 많이 먹는다.
→ ______.

(2) 우리 회사, 일하기 좋다, 직원들이 친절하다
→ ______.

(3) 짱, 엑셀을 잘한다, PPT를 잘한다.
→ ______.

(4) 비엣비 식당, 분짜가 맛있다, 짜조가 맛있다.
→ ______.

2. [보기]와 같이 쓰세요.

[보기] 가: 투안 씨는 왜 수영을 좋아해요?
나: 수영은 재미있을 뿐만 아니라 건강에도 좋아서요.

(1) 가: 휴가 때 왜 다낭으로 여행을 가기로 했어요?
나: 다낭은 ______.

(2) 가: 오늘 날씨가 정말 안 좋은 것 같아요.
나: 네. ______.

(3) 가: 짱 씨는 왜 한국 드라마를 좋아해요?
나: ______.

(4) 가: 투안 씨는 못하는 운동이 없다면서요?
나: ______.

문법2

-다(가) 보면

(동사에 붙어) 어떤 행위를 하는 과정에서 새로운 사실을 깨닫게 되거나 새로운 상태가 됨을 나타낼 때 사용한다.

(Gắn sau động từ) Dùng khi thể hiện rằng trong quá trình thực hiện hành vi nào đó thì bản thân nhận ra một sự thật hoặc một trạng thái mới.

- 가: 처음이어서 그런지 일이 어려워요.
  나: 일을 계속 하다가 보면 익숙해질 거예요.
- 가: 혹시 빅씨 마트가 어디에 있는지 아세요?
  나: 다음 사거리에서 왼쪽으로 가다 보면 나올 거예요.
- 힘내세요! 살다 보면 좋은 날이 올 거예요.
- 이 노래를 여러 번 듣다가 보면 분명 좋아하게 될 거예요.

★ 앞 문장의 주어와 뒤 문장의 주어가 같아야 한다.
- (제가) 열심히 노력하다 보면 투안 씨가 성공할 거예요.(×)
- 투안 씨가 열심히 노력하다 보면 성공할 거예요.(○)

문법 연습2

1. [보기]와 같이 쓰세요.

[보기] 한국어를 계속 공부하다, 한국어를 잘하게 되다
→ 한국어를 계속 공부하다가 보면 한국어를 잘하게 될 거예요.

(1) 밤에 자꾸 음식을 먹다, 살이 찌다
→ ______.

(2) 컴퓨터를 오래 하다, 시력이 안 좋아지다
→ ______.

(3) 외국에서 살다, 그 나라의 문화를 알게 되다
→ ______.

(4) 맡은 일에 최선을 다하다, 성공하는 날이 오다
→ ______.

2. [보기]와 같이 쓰세요.

[보기] 가: 한국어 뉴스는 말이 빨라서 이해하기가 어려워요.
나: 반복해서 듣다가 보면 괜찮아질 거예요.

(1) 가: 회사에서 프레젠테이션을 잘하고 싶은데 너무 어려워요.
나: ______ 잘할 수 있을 거예요.

(2) 가: 핸드폰을 새로 바꿨는데 전보다 불편한 것 같아요.
나: ______ 익숙해질 거예요.

(3) 가: 어제 사귀는 사람이랑 다투었는데 정말 속상해요.
나: ______ 그럴 때도 있지요.

(4) 가: 이 문제를 어떻게 해결해야 할지 모르겠어요.
나: ______.

대화

한송희: 투안 대리님, 이렇게 와 주셔서 감사합니다. 이분은 이호철 팀장님입니다.

투 안: 안녕하십니까? 베한전자 영업팀 대리 투안입니다.

이호철: 안녕하세요? 보내 주신 자료 잘 확인했습니다. 베한전자 제품이 타제품보다 우수하더라고요.

투 안: 감사합니다. 저희 베한전자는 품질 관리뿐만 아니라 사후 관리까지 책임지고 있습니다. 그래서 사용하시다가 보면 무척 만족하실 겁니다.

- 품질
- 사후 관리
- 만족하다
- 납품 단가
- 조정하다
- 제시하다
- 세부적이다

이호철: 좋습니다. 그런데 납품 단가를 좀 조정할 수 있을까요?

투 안: 단가는 아시다시피 최대한 낮추어서 제시한 것입니다.

이호철: 그래도 조금이라도 조정해 주시면 저희 쪽에서도 긍정적으로 생각할 수 있겠습니다.

투 안: 잠시만요. 만약 이번에 우리 제품을 천 대 이상 계약하시면 여기 제시한 금액보다 약 3% 정도 낮출 수 있을 것 같습니다.

이호철: 그래 주시면 고맙겠습니다. 그럼 그렇게 알고 좀 더 세부적인 사항은 한송희 대리와 이야기 나누시면 되겠습니다.

투 안: 네, 그렇게 하겠습니다.

- 베한전자가 경쟁사보다 뛰어난 점은 무엇입니까?
- 투안이 금액 조정을 위해서 제시한 안은 무엇입니까?

13

성능 향상이야말로 가장 신경 써야 할 부분입니다

1 여기에 모인 구성원들이 지금 무엇을 하고 있습니까?

2 회사에 새로운 팀이 구성되었습니다. 무엇을 위한 팀입니까?

학습 목표

- 주제: TF 회의
- 어휘: 사동 표현
- 문법: 사동사, (이)야말로

어휘

사동 표현

결과를 보여 주다	목표치를 높이다	주사를 맞히다	얼굴을 붉히다
회의를 늦추다	알람을 맞추다	일을 맡기다	기록을 남기다
동물을 키우다	가득 채우다	아침에 깨우다	택시를 세우다
주문량을 늘리다	판매가를 올리다	소식을 알리다	친구를 놀리다

- 지난달부터 판매가격을 **올렸기** 때문에 이번 달에는 판매 실적 목표치를 **낮춰** 잡았습니다. 그런데 이번 달에는 거래처에서 주문량을 **늘려서** 우리 제품의 매출이 상당히 올라갔습니다. 다음 달에 목표치를 다시 **높여도** 되겠습니다.
- 짱 씨가 얼굴을 **붉히며** 결혼 소식을 동료들에게 **알려** 주자 동료들이 **놀렸어요.**

- 낮춰 잡다
- 매출
- 상당히
- 기사님

- 어제 **맞춰** 놓은 알람 소리가 울리자마자 아이를 **깨웠어요**.
- 과장님이 정 대리에게 중요한 일을 **맡기셔서** 정 대리는 지금 바쁘다고 합니다. 회의를 1시간만 **늦추는** 게 어떨까요?
- 오늘 회의 내용은 꼭 회의록에 **남기고** 저에게 **보여 주세요**.
- 새를 **키우면** 언제든 새가 물을 마실 수 있게 그릇에 물을 **채워** 놓으세요.
- 기사님, 저기 앞에서 **세워** 주세요.

어휘 연습

1. [보기]에서 알맞은 말을 골라 쓰세요.

[보기]	보이다 올리다 맡기다 깨우다 늦추다

(1) 지금부터 화면을 통해 신제품 홍보 영상을 ______ 드리겠습니다.

(2) 사장님이 저희 팀에게 ______ 신제품 개발 업무에 최선을 다하고 있습니다.

(3) 아침마다 알람 소리를 듣지만 항상 끄고 다시 자 버립니다. 아침에 저를 ______ 사람이 있으면 좋겠어요.

(4) 최근 경쟁 업체들은 일제히 판매가격을 ______ 반대로 우리 회사는 가격을 내리는 전략이 필요합니다.

2. [보기]에서 알맞은 말을 골라 쓰세요.

[보기]	놀리다 알리다 맞히다 맞추다 채우다

(1) 가: 오늘 직원 교육에 사람이 정말 많이 왔네요.
나: 맞아요. 이렇게 큰 강당을 사람들이 가득 ______.

(2) 가: 오늘 병원에 다녀왔어요? 어디 아파요?
나: 제가 아픈 게 아니고 아이가 아파서 주사를 ______.

(3) 가: 투안 씨, 술 마시니까 얼굴이 빨개져서 홍당무 같아요. 하하하!
나: 아이 참, 자꾸 ______ 마세요.

(4) 가: 와! 대단하시네요! 대리님은 이런 방법을 어떻게 아셨어요?
나: 대단하기는요. 입사했을 때 과장님이 ______ 주셨어요.

문법1

사동

(동사나 형용사에 사동 접사 '-이-', '-히-', '-리-', '-기-', '-우-', '-추-'가 붙어) 다른 사람에게 어떤 행위를 시키거나 어떤 사물이 어떤 작동을 하도록 만들 때 사용한다. '-게 하다'를 이용하여 표현하기도 한다.

(Gắn vào các phụ tố gây khiến như '-이-','-히-','-리-','-기-','-추-' vào động từ hay tính từ) Sử dụng khi muốn sai khiến người khác làm một hành động nào đó hoặc làm cho sự vật nào đó thực hiện một hành động. Còn sử dụng cấu trúc '-게 하다' để biểu hiện.

- 가: 투안 씨는 아주 재미있어요.
  나: 맞아요, 어제도 동료들을 많이 웃겼어요.
- 가: 여기에 주차를 하면 안 되나요?
  나: 그렇습니다. 이곳은 차를 세우는 데가 아니에요.
- 내일 아침에 일찍 출근해야 하니까 5시에 저를 깨워 주세요.
- 우리에게 알려 준 사실이 정말이에요?

동사	사동 접사	사동사	동사	사동 접사	사동사	동사	사동 접사	사동사
보다	-이-	보이다	읽다	-히-	읽히다	알다	-리-	알리다
끓다		끓이다	맞다		맞히다	날다		날리다
붙다		붙이다	앉다		앉히다	살다		살리다
녹다		녹이다	입다		입히다	놀다		놀리다
먹다		먹이다	눕다		눕히다	돌다		돌리다
죽다		죽이다	넓다		넓히다	울다		울리다
높다		높이다	좁다		좁히다	마르다		말리다
맡다	-기-	맡기다	자다	-우-	재우다	늦다	-추-	늦추다
벗다		벗기다	차다		채우다	낮다		낮추다
웃다		웃기다	타다		태우다	맞다		맞추다
씻다		씻기다	서다		세우다	달다	-구-	달구다
신다		신기다	뜨다		띄우다			
감다		감기다	쓰다		씌우다			
남다		남기다	비다		비우다			
숨다		숨기다	깨다		깨우다			

★ '(명사)이/가+동사'를 사동으로 바꿀 때는 '(명사)을/를+사동사'로 쓸 수 있다.
Khi đổi câu dạng '(danh từ)이/가+động từ' thành câu gây khiến thì có thể dùng dạng: '(danh từ)을/를+ngoại động từ'.

- 물이 끓다 → 물을 끓이다, 택시가 섰어요. → 제가 택시를 세웠어요.

★ '(사람)이/가+(명사)을/를+동사'를 사동으로 바꿀 때는 '(사람)에게+(명사)을/를+사동사'로 쓸 수 있다.
Khi đổi câu '(người)이/가+(danh từ)을/를+động từ' sang câu gây khiến thì có thể dùng dạng: '(người)에게+(danh từ)을/를+động từ ngoại động'.

- 아이가 신발을 신다 → 엄마가 아이에게 신발을 신기다

★ '-게 하다'나 '-시키다'로 사동을 표현하는 경우도 있다.
Có trường hợp dùng cấu trúc '-게 하다' hoặc '-시키다' để thể hiện sự gây khiến.

- 마이 씨가 저를 여기로 오게 했어요. 빨리 실력을 향상시켜야 해요.

문법 연습1

1. [보기]와 같이 쓰세요.

[보기] 동생, 울다/ 형 → 형이 동생을 울렸어요.

(1) 국, 끓다/ 요리사 → ______.

(2) 환자, 살다/ 의사 → ______.

(3) 휴지통, 비다/ 저 → ______.

(4) 나, 일, 맡다/ 과장님 → ______.

(5) 아들, 손을 씻다/ 아빠 → ______.

(6) 아기, 침대, 눕다/ 어머니 → ______.

(7) 손님, 머리, 감다/ 미용사 → ______.

2. [보기]와 같이 쓰세요.

[보기] 가: 다리를 다쳐서 불편하겠어요.
나: 네. 오늘도 어머니가 신발을 신겨 주셨어요.

(1) 가: 시험 잘 봤어요?
나: 네. 오늘 시험에서 답을 모두 ______.

(2) 가: 홍보팀에서 공모전 포스터를 받았어요?
나: 네. 받아서 여기 게시판에 ______ 놓았어요.

(3) 가: 여보세요? 길이 막혀서 회의 시간에 늦을 것 같아요.
나: 네. 다들 늦게 오시니 회의 시간을 ______.

(4) 가: 강아지 사진이네요? 마이 씨 집에 있는 강아지예요?
나: 네. 제가 강아지에게 과일을 ______ 사진이에요.

문법2

(이)야말로

(명사 뒤에 붙어) '그것이 과연', '그것이 참말로', '여럿 중에서 바로 그것'이라는 뜻으로 강조하는 뜻을 나타낼 때 사용한다.

(Gắn vào sau danh từ) Dùng khi muốn thể hiện sự nhấn mạnh ý nghĩa 'Cái đó quả nhiên…', 'Cái đó quả thực là…', 'Chính là cái đó…'

- 가: 그 가수 목소리가 정말 좋네요.
  나: 네. 이 가수야말로 제가 제일 좋아하는 가수예요.
- 가: 한국의 대표적인 음식이 무엇입니까?
  나: 김치야말로 한국을 대표하는 음식이라고 할 수 있어요.
- 한글이야말로 세계에서 가장 뛰어난 글자입니다.
- 올해야말로 우리 회사가 세계 시장에서 인정받는 해가 될 것입니다.

받침 O	이야말로	제품이야말로, 부장님이야말로
받침 X	야말로	회사야말로, 투안 씨야말로

★ 감사나 사과에 대한 겸손한 대답으로 쓰일 수 있다.

Có thể dùng để trả lời một cách khiêm tốn về một điều cảm ơn hay xin lỗi.

- 가: 와 주셔서 정말 감사합니다.
  나: 저야말로 초대 받아서 영광이지요.
- 가: 정말 죄송합니다.
  나: 아닙니다. 저야말로 죄송합니다.

문법 연습2

1. [보기]와 같이 쓰세요.

[보기] 가: 우리 동료들이 정말 좋아서 회사 생활이 즐거워요.
나: 회사 생활에서 인간관계야말로 가장 중요한 것 같아요.

(1) 가: 마이 씨, 요즘 운동을 시작했다고 들었어요.
나: 네. 살을 빼고 싶으면 ______ 제일 효과적인 방법이죠.

(2) 가: 고향을 떠난 지 오래되어서 어머니 음식이 너무 그리워요.
나: 저도요. 엄마의 ______ 이 세상 최고의 요리라고 생각해요.

(3) 가: 담배를 전혀 안 피우세요?
나: 그럼요. ______ 건강에 가장 나쁜 것이잖아요.

(4) 가: 한국에서 제일 큰 도시는 서울이에요?
나: 네. ______ 가장 많은 사람이 살고 있는 도시예요.

2. [보기]와 같이 쓰세요.

[보기] 한국의 음식: 김치 / 비빔밥
가: 김치야말로 한국의 대표적인 음식이 아닐까요?
나: 글쎄요. 제 생각에는 비빔밥이야말로 최고인 것 같아요.

(1) 한국의 여행지: 부산 / 제주도
가: ______.
나: ______?

(2) 한국에서 여행할 만한 계절: 봄 / 가을
가: ______.
나: ______.

(3) 서울에서 사람이 많이 모이는 곳: 강남 / 명동
가: ______.
나: ______.

대화

하민규: 지금부터 TF팀 첫 회의를 시작하겠습니다. 아시다시피 우리는 노트북 신제품 개발을 위해 이 자리에 모였습니다. 각자 맡은 바 최선을 다해 주시기 바랍니다.

최윤지: 팀장님, 이번 신제품은 성능을 향상시켜야 한다고 들었습니다. 경쟁 업체들도 성능을 높이고 있다고 하더라고요.

하민규: 아닌 게 아니라 성능 향상이야말로 가장 신경 써야 할 부분입니다.

프 엉: 그런데 요즘은 가벼운 노트북이 유행하고 있습니다. 저는 무게를 줄이는 것도 중요하다고 생각합니다.

박기태: 기존 노트북보다 더 가볍게 하고 성능을 높이려면 판매 가격을 올릴 수밖에 없습니다. 그러면 매출이 감소하지 않을까요?

투 안: 제 생각은 좀 다릅니다. 제품이 좋으면 비싸도 잘 팔리는 거 아닙니까? 우리 제품이 최고의 성능을 보여 주면 틀림없이 매출도 증가할 겁니다.

하민규: 요즘 경쟁사들의 제품을 조사해 볼 필요가 있겠네요. 투안 대리와 최 대리는 이번 주에 성능, 무게, 가격 등을 중심으로 여러 노트북을 비교해 보도록 하세요.

프 엉: 그럼, 기태 씨와 저는 우리 기존 제품의 문제점과 개선 방안을 찾아보겠습니다.

- TF팀
- 첫
- 아시다시피
- 맡은 바 최선을 다하다
- 성능
- 무게
- 매출
- 감소하다
- 틀림없이
- 증가하다
- 경쟁사
- 을/를 중심으로
- 비교하다
- 개선 방안

- 왜 TF팀을 구성하게 되었습니까?
- 팀장은 직원들에게 어떤 업무를 맡겼습니까?

14 눈길을 끄는 노트북들이 많던데요

1 요즘 우리 회사 제품 중에 어느 것이 인기가 좋습니까?

2 고객이 어떤 제품을 선호하는지 어떻게 알 수 있습니까?

학습 목표

- 주제: 시장 조사
- 어휘: 관용 표현('눈')
- 문법: -(으)ㄴ가/나 보다, -던데요/-던가요

어휘

관용 표현(눈)

눈에 띄다	눈이 높다
눈에 불을 켜다	눈앞이 캄캄하다
눈에 넣어도 아프지 않다	눈이 빠지게 기다리다
제 눈에 안경이다	눈물이 앞을 가리다
눈코 뜰 새가 없다	눈길을 끌다

- 요즘 화장품은 포장이 화려해서 소비자의 **눈길을 끈다**.
- 그 선수는 어렸을 때부터 축구를 잘 해서 감독의 **눈에 띄었다**.
- 이사 가려고 집을 알아봤는데 좋은 집을 볼수록 점점 **눈이 높아져서** 결국 제일 비싼 집을 계약해 버렸다.
- 요즘 일이 너무 많아서 **눈코 뜰 새가 없이 바쁩니다**.
- 불이 나서 집과 가족을 잃은 사람들은 **눈앞이 캄캄하다고** 했다.
- 큰돈을 벌 수 있다는 말에 새로운 사업에 **눈에 불을 켜고** 달려들었다.
- 전쟁에 나간 아들을 눈이 빠지게 기다렸지만 돌아오지 않았다는 이야기를 들으니 **눈물이 앞을 가린다**.
- 나에게는 **눈에 넣어도 아프지 않을** 만큼 사랑스러운 딸이 있다.

- 띄다[띠다]
- 포장
- 잃다
- 큰돈
- 사랑스럽다

어휘 연습

1. [보기]에서 알맞은 말을 골라 쓰세요.

[보기]	눈에 띄다	눈이 빠지게 기다리다
	눈코 뜰 새가 없다	눈앞이 캄캄하다

(1) 입사 시험을 본 후 합격 소식을 ____________.

(2) 신 과장님은 너무 키가 커서 멀리 있어도 ____________.

(3) 사업에 실패해서 전 재산을 다 잃자 나는 ____________.

(4) 오늘은 회의 자료도 완성하고 업무 보고서도 제출해야 해서 ____________ 바빠요.

2. [보기]에서 알맞은 말을 골라 쓰세요.

[보기]	눈에 불을 켜다	제 눈에 안경이다
	눈길을 끌다	눈에 넣어도 아프지 않다

(1) 가: 투하 씨가 게임을 진짜 좋아하나 봐요. 계속 게임만 하네요.
나: 아까부터 계속 지더니 이제 꼭 이기겠다는 생각으로 ____________ 하고 있어요.

(2) 가: 저렇게 멋있는 배우가 왜 이렇게 못생긴 사람과 결혼할까요?
나: 하하하, ____________. 자기 눈에 예뻐 보이면 되죠.

(3) 가: 요즘은 이 제품이 사람들의 ____________.
나: 맞아요. 디자인이 좋아서 소비자의 사랑을 받는다고 해요.

문법1

-(으)ㄴ가/나 보다

(형용사, 동사, '있다', '없다', 명사에 붙어) 어떤 사실이나 상황으로 미루어 볼 때 그런 것 같다는 추측을 나타낼 때 사용한다.

(Gắn vào tính từ, động từ, động từ 'có (있다)', 'không có (없다)') Dùng khi thể hiện sự dự đoán có vẻ như thế khi thử xét đoán một sự thật hay một tình huống nào đó.

- 가: 가방이 아주 크네요! 여행 가나 봐요?
  나: 네. 제주도에 가요.
- 가: 배드민턴 대회에서 1등 하셨다고 들었어요. 오랫동안 배우셨나 봐요.
  나: 아니에요, 1년밖에 안 배웠어요.
- 김 대리가 요즘 기분이 좋은가 봐요. 매일 웃는 얼굴이에요.
- 이렇게 비싼 자동차를 타는 걸 보니까 그 사람은 부자인가 봐요.

동사	받침 O	-나 보다	씻나 보다, 찾나 보다, 듣나 보다, 돕나 보다, 쉬나 보다, 가나 보다, *노나 보다, *만드나 보다
	받침 X		
형용사	받침 O	-은가 보다	좋은가 보다, *추운가 보다
	받침 X	-ㄴ가 보다	큰가 보다, 빠른가 보다, *긴가 보다, *먼가 보다
명사	받침 O	인가 보다	학생인가 보다, 식당인가 보다
	받침 X		회사인가 보다, 버스인가 보다

★ 추측의 근거가 되는 앞 절에 '-은 걸 보니(까)', '-더니' 등이 결합하여 자주 사용된다.

Nó thường xuyên được sử dụng kết hợp với các cấu trúc trở thành căn cứ của sự dự đoán ở vế trước như '-은 걸 보니(까)', '-더니' v.v...

- 사람들이 우산을 쓴 것을 보니까 밖에 비가 오나 봐요.
- 어제 늦게 자더니 늦잠을 자고 있나 봐요.

★ 과거 '-었-', 추측의 '-겠-'과 결합하여 사용한다.

Nó sử dụng với thì quá khứ '-었-' hoặc dự đoạn '-겠-'.

- 지붕에 눈이 쌓인 것을 보니 밤새 눈이 왔나 보다.
- 밖으로 뛰쳐 나가는 것을 보니까 아무래도 못 참겠나 봐.

문법 연습1

1. [보기]와 같이 쓰세요.

[보기] 가: 새로 문을 연 식당에 손님이 아주 많아요.
나: 그 식당의 음식이 맛있나 봐요.

(1) 가: 마이 씨가 수업 시간에 계속 시계를 봐요.
나: ______________________.

(2) 가: 아잉 씨가 오늘 아무 말도 하지 않아요.
나: ______________________.

(3) 가: 과장님이 회의에 안 가셨어요.
나: ______________________.

2. [보기]와 같이 쓰세요.

[보기]

백화점에서 물건을 싸게 파나 봐요.

(1)

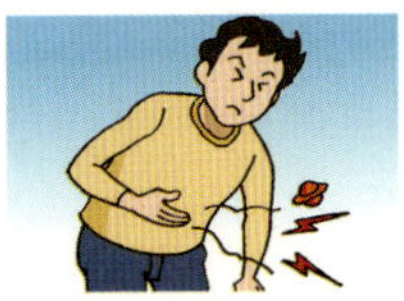

______________________.

(2)

______________________.

(3)

______________________.

문법2

-던데요 / -던가요

(동사나 형용사, '이다, 아니다'에 붙어) 말하는 사람이 과거에 어떤 사실을 직접 경험하여 새롭게 알게 된 사실을 지금 상대방에게 말하면서 듣는 사람의 반응을 기대할 때에 '-던데요'를 사용한다. 그리고 듣는 사람의 경험을 질문하고 싶으면 '-던가요?'를 사용한다. 주로 구어에서 사용한다.

(Gắn vào tính từ, động từ, động từ 'là (이다)', 'không phải là (아니다)') Khi người nói trực tiếp trải nghiệm một sự thật nào đó trong quá khứ và giờ thì vừa nói cho đối phương nghe về sự thật mà bản thân mới biết vừa chờ đợi phản ứng của người nghe thì dùng cấu trúc '-던데요'. Nếu muốn hỏi kinh nghiệm của người nghe thì sử dụng cấu trúc '-던가요?'.

- 가: 그 드라마가 재미있다고 해요.
  나: 그래요? 저는 별로 재미없던데요.
- 가: 어제 시장조사 나갔을 때 우리 제품의 반응이 좋던가요?
  나: 네. 인기가 좋아서 제일 앞에 전시되어 있던데요.
- 김 과장님이 쌀국수를 좋아하시던데요.
- 체육대회 때 보니까 대리님 축구 실력이 대단하시던데요.

★ '-던데'는 말하는 사람이 새롭게 알게 된 사실을 나타내기 때문에 원칙적으로 1인칭 주어를 쓸 수 없다. 그러나 자신의 감정을 표현하는 등 자신을 객관화하여 다른 사람에게 알려 주거나 자기에 대한 추측을 말할 때에는 1인칭 주어를 사용한다.

vì cấu trúc '-던데' thể hiện một sự thật mà người nói mới biết cho nên về nguyên tắc không cấu trúc này thể sử dụng chủ ngữ là ngôi thứ nhất. Nhưng trường hợp người nói muốn thể hiện tình cảm của bản thân vơi người khác nhưng lại muốn khách quan hóa hoặc khi dự đoán một điều gì đó về bản thân mình thì có thể sử dụng ngôi thứ nhất.

- 저는 주말에 친구를 만나던데요. (×)
- 저는 이 노래 좋던데요. (O)

문법 연습2

1. [보기]와 같이 쓰세요.

[보기] 가: 백화점에서 우리 회사 제품이 잘 팔리던가요?
나: 네. 인기가 많던데요.

(1) 가: 어제 콘서트에서 그 가수가 노래를 잘 ____________________?
나: 네. 노래 실력이 정말 ____________________.

(2) 가: 주말에 본 영화는 ____________________?
나: 아니요, 너무 재미없어서 잠이 ____________________.

(3) 가: 여행 잘 다녀왔어요? 날씨가 ____________________?
나: 아니요, 여행 기간 동안 계속 ____________________.

(4) 가: 그 도시에 있는 공장은 크기가 ____________________?
나: 네. 아주 크고 직원도 ____________________.

2. [보기]와 같이 쓰세요.

[보기] 지난달에 읽은 책
가: 지난달에 읽은 책이 재미있던가요?
나: 글쎄요, 내용이 너무 복잡해서 이해하기 힘들던데요.

(1) 새로 나온 휴대폰
가: ____________________?
나: ____________________.

(2) 지난주에 방문한 거래처 사무실
가: ____________________?
나: ____________________.

(3) 출장 다녀온 도시
가: ____________________?
나: ____________________.

대화

최윤지: 시장에 나가 보니 경쟁사 제품 말고도 눈길을 끄는 노트북들이 많던데요. 노트북 화면이 분리되는 제품도 있었고, 게임을 위한 특별한 기능이 있는 노트북도 있었어요.

투 안: 그래요? 제가 다녀온 곳은 백화점 내 매장이라서 다양한 제품보다는 주요 브랜드 노트북을 위주로 팔고 있었어요.

최윤지: 눈에 띄는 제품이 있던가요?

투 안: 한국전자 제품이 제일 잘 나가더라고요. 그 한국전자 노트북이 꽤 좋은가 봐요.

최윤지: 그래요? 그 회사 노트북은 대부분 비싸던데요.

투 안: 네. 그런데 백화점 매장 직원한테 물어보니까 성능이 뛰어나고 속도가 빠르면 잘 팔린다고 하더라고요.

최윤지: 백화점 고객들은 눈이 높고 구매력도 있어서 가격보다 성능을 중요하게 생각하는 것 같아요. 제가 다녀온 전자 상가에서는 중저가 제품을 더 선호하던데요.

투 안: 그렇군요. 시장에서 좋은 성과를 내려면 주요 타깃을 정하고 고객의 필요에 맞춰서 개발해야겠어요.

- 주요
- 브랜드
- 분리되다
- 기능이 있다
- 매장
- 고가
- 잘 나가다
- 속도
- 구매력
- 중저가
- 선호하다
- 타깃
- 고객

- 전자 상가에서 인기가 있는 제품은 어떤 것입니까?
- 백화점에서는 어떤 제품이 잘 팔린다고 합니까? 왜 그렇습니까?

15 성능이 좋은데도 소비자의 외면을 받고 있습니다

1. 이 여자는 무엇을 고민하고 있습니까?
2. 노트북을 구매할 때 무엇이 제일 중요하다고 생각합니까?

학습 목표

- 주제: 제품 분석 결과 회의
- 어휘: …자
- 문법: -(으)ㄴ데도/는데도, (으)로 인하여

어휘

…자

소비자	생산자	노동자	실업자
책임자	관계자	담당자	대상자
가해자	피해자	경쟁자	초보자

- 그 기업은 농촌의 **생산자**와 도시의 **소비자**를 연결해 주는 역할을 하면서 많은 사람들의 눈길을 끌고 있다.
- **노동자**의 여러 가지 권리는 법으로 보장되어 있다.
- 경제가 어려워지면서 올해 **실업자**가 작년보다 크게 증가했다.
- 이 과장님이 이번 프로젝트의 **책임자**가 되었다.
- 사무실 입구에 '**관계자** 외 출입 금지'라고 쓰여 있었다.
- 인사 **담당자**는 사람을 뽑고 평가하는 일을 한다.
- 이번 직원 연수회의 **대상자**는 신입 대리이다.
- 교통사고 **가해자**가 **피해자**에게 사과하면서 원만하게 합의가 이루어졌다.
- 요즘 컴퓨터 업계에 새로운 **경쟁자**가 나타나서 회사 전체가 긴장하고 있다.
- 이번 IT 교육 자료는 수준이 높아서 **초보자**에게는 조금 어려울 것이다.

- 권리
- 보장되다
- 증가하다
- 출입 금지
- 신임
- 원만하게
- 합의
- 이루어지다
- 업계
- IT
- 수준

어휘 연습

1. [보기]와 같이 연결하세요.

[보기]	소비자 •	• 어떤 목적을 두고 서로 이기려고 하는 사람
(1)	초보자 •	• 직업이 없거나 취업의 기회를 잃어버린 사람
(2)	경쟁자 •	• 돈을 내고 물건이나 서비스를 이용하는 사람
(3)	실업자 •	• 어떤 일을 처음 시작하는 사람

2. [보기]와 같이 알맞은 말을 골라 쓰세요.

피해자　생산자　대상자　담당자

[보기] 가: 교통사고 합의는 원만하게 이루어지고 있습니까?
나: 네. 다행히 피해자가 다치지 않아서 잘 진행되고 있습니다.

(1) 가: 지난달에 출시한 로봇 청소기에 대한 시장 반응은 어떻습니까?

나: 아주 좋습니다. 마케팅 파트 ________인 마이 대리가 보고 드릴 예정입니다.

(2) 가: 신입 사원들만 이번 달 인사 평가 ________라면서요?

나: 네. 다른 직원들은 다음 달에 인사 평가를 받는다고 해요.

(3) 가: 김 대리 출장은 어떻게 진행되고 있습니까?

나: 지금 막 김 대리가 베트남에 도착했고, 오후 3시부터 현지 커피 농장에서 ________들과 미팅을 하기로 했습니다.

문법1

-(으)ㄴ데도/는데도

(동사에 붙어) 앞 절의 내용과 다르거나 예상하지 않은 상황이 뒤 절에 이어질 때 사용하는 표현이다.

(gắn vào động từ) Được dùng khi thể hiện rằng có sự khác biệt với nội dung của vế trước hoặc tình huống không dự đoán được sẽ tiếp diễn ở vế sau.

- 가: 한국 사람들은 모두 김치를 잘 먹지요?
  나: 아니요. 제 남편은 한국 사람인데도 김치를 못 먹어요.
- 가: 아이스크림 매출이 왜 이렇지요?
  나: 이상해요. 날씨가 더운데도 아이스크림 매출이 제자리예요.
- 제 친구는 실력이 좋은데도 취업이 잘 안 돼요.
- 어제 잠을 잘 못 잤는데도 피곤하지 않아요.

동사	받침 O	-는데도	*사는데도, 공부했는데도, 먹는데도,
	받침 X		
형용사	받침 O	-은데도	좋은데도, 짧은데도, 많은데도, 높은데도
	받침 X	-ㄴ데도	아픈데도, 예쁜데도, 비싼데도, *긴데도
명사	받침 O	인데도	선생님인데도, 부자인데도, 한국 사람인데도
	받침 X		

★ 과거형은 '형용사/동사+-었는데도/았는데도'나 '명사+였는데요/이었는데도'로 쓴다.

- 열심히 공부했는데도 시험 점수가 낮게 나왔어요.
- 짱 씨는 아팠는데도 체육대회에서 1등을 했어요.
- 휴일이었는데도 회사에 가서 일을 했어요.

문법 연습1

1. [보기]와 같이 쓰세요.

> **[보기]** 날씨 / 덥다 / 감기에 걸리다
> → 날씨가 더운데도 감기에 걸렸어요.

(1) 휴대폰 가격 / 비싸다 / 잘 팔리다

→ ________________.

(2) 내 동생 / 방학이다 / 매일 학교에 가다

→ ________________.

(3) 수리를 받다 / 전원이 안 켜지다

→ ________________.

(4) 저녁 / 먹다 / 계속 배가 고프다

→ ________________.

2. [보기]와 같이 쓰세요.

> **[보기]** 가: 날씨가 추워서 거리에 사람들이 많이 없지요?
> 나: 아니요, 날씨가 추운데도 거리에 사람들이 많아요.

(1) 가: 김 대리님은 베트남에 오래 살았으니까 베트남어를 잘하지요?

나: 아니요. ________________.

(2) 가: 어제가 회식이었으니까 술을 많이 마셨겠네요.

나: 그렇지 않아요. ________________.

(3) 가: 프레젠테이션 준비를 많이 했으니까 떨리지 않죠?

나: 이상해요. ________________.

(4) 가: 그 컴퓨터는 기능이 많아서 가격도 비싸지요?

나: 아니요. ________________.

문법2

(으)로 인하여

(명사에 붙어) 앞에 나오는 상황이나 행동이 원인이나 이유가 되어 뒤의 결과가 이루어짐을 나타낸다. 주로 격식적인 상황에서 사용한다.

(Gắn với danh từ) tình huống hay hành động xuất hiện ở phía trước trở thành nguyên nhân hay lý do dẫn đến kết quả ở phía sau. Chủ yếu sử dụng trong tình huống có tính nghi thức.

- 요즘 지구온난화로 인하여 많은 문제가 발생하고 있다.
- 지진으로 인하여 많은 사람들이 대피해야 했습니다.
- 높은 가격으로 인하여 우리 제품의 경쟁력이 떨어진 것 같습니다.

받침 O	으로 인하여	승진으로 인하여, 소비자 불편으로 인하여, 치열한 경쟁으로 인하여
받침 X ㄹ 받침	로 인하여	신제품 출시로 인하여, 광고로 인하여, 신입 사원 연수로 인하여 높은 판매율로 인하여, 불찰로 인하여, 지나친 개발로 인하여

★ 큰 의미 차이 없이 '으로 인해서'로 바꾸어 쓸 수 있다.

- 음주 운전으로 인하여 교통사고가 증가하고 있다.
  = 음주 운전으로 인해서 교통사고가 증가하고 있다.

★ 공식적인 말이나 글에 주로 사용하고, 구어에서는 '로 인해(서)'를 많이 사용한다.

- 가: 요즘 밤에 잠이 잘 안 와요. 커피를 많이 마셔서 그럴까요?
  나: 그럴 수 있어요. 커피로 인해서 잠을 잘 못 자는 사람들이 많대요.

★ '으로 인한'은 '으로 인한+명사'의 구성으로 사용한다.

- 음주 운전으로 인한 교통사고가 매년 증가하고 있다.

문법 연습2

1. [보기]와 같이 알맞은 말을 골라 쓰세요.

태풍　대기 오염　전력 소모　장학 사업　잘못된 식습관

[보기] 태풍으로 인하여 출발 시간이 지연되었다.

(1) 여름철 급증한 ______________ 정전이 발생했다.

(2) ______________ 비만 인구가 늘고 있다.

(3) 활발한 ______________ 우리 회사 이미지가 좋아졌다.

(4) ______________ 많은 사람들이 호흡기 질환을 앓고 있다.

2. [보기]와 같이 알맞은 말을 골라 쓰세요.

과중한 업무　신제품 출시　고급화 전략　폭설

[보기] 가: 올해 직원 만족도 조사 결과는 어떻습니까?
나: 과중한 업무로 인해서 만족도가 작년보다 8% 감소했습니다.

(1) 가: 이 도로가 원래 이렇게 많이 막힙니까?
나: 아닙니다. 어제 내린 ______________ 다른 도로가 통제되고 있어서 그런 것 같습니다.

(2) 가: 이번 달 우리 제품 판매율이 저조한 이유가 무엇입니까?
나: 경쟁사의 ______________ 판매율 변화가 생겼습니다.

(3) 가: TV 광고 모델을 바꾸는 것에 대해 어떻게 생각하십니까?
나: ______________ 주 고객층의 연령대가 높아졌기 때문에 광고 모델 교체가 필요하다고 생각합니다.

대화

하민규: 다 모였으니 회의를 시작할까요? 여러분이 조사한 제품 분석 결과에 대해 말씀해 주세요.

프 엉: 제가 먼저 말씀드리겠습니다. 저희가 알아본 바에 따르면, 우리 제품은 성능이 좋은데도 소비자의 외면을 받고 있습니다. 아마 가격에 그 원인이 있는 것 같습니다.

기 태: 중저가 제품을 찾는 소비자들에게 우리 제품의 높은 가격이 부담스럽다는 의견이 있었습니다. 높은 가격으로 인하여 경쟁력이 떨어진 것으로 보입니다.

프 엉: 그뿐만 아니라 우리 노트북은 타제품에 비해 무거운 편입니다. 무게를 줄이지 않으면 가벼운 것을 선호하는 젊은 세대의 관심을 끌기는 어려울 것으로 보입니다.

하민규: 그밖에 다른 원인도 있습니까?

프 엉: 또 한 가지 원인은 기능에 있는 것 같습니다. 요즘은 다양한 기능의 노트북이 많이 나오고 있습니다. 하지만 우리 제품은 기본에 충실한 노트북이지만 특징이 없어서 소비자에게 어필하지 못하는 것으로 분석됩니다.

하민규: 고객들의 관심을 끌려면 새로운 기능이 필요하다는 말이네요.

프 엉: 네. 최신 트렌드를 반영한 우리 회사만의 독보적인 기능이 필요하다고 생각합니다.

- 외면을 받다
- 선호하다
- 젊은 세대
- 관심을 모으다
- 기본에 충실하다
- 에게 어필하다
- -다는 말이다
- 분석되다
- 관심을 끌다
- 최신
- 트렌드
- 독보적이다

- '우리 제품'의 장점과 단점은 무엇입니까?
- 회의가 계속 이어진다면 다음에 무엇을 이야기할 것 같습니까?

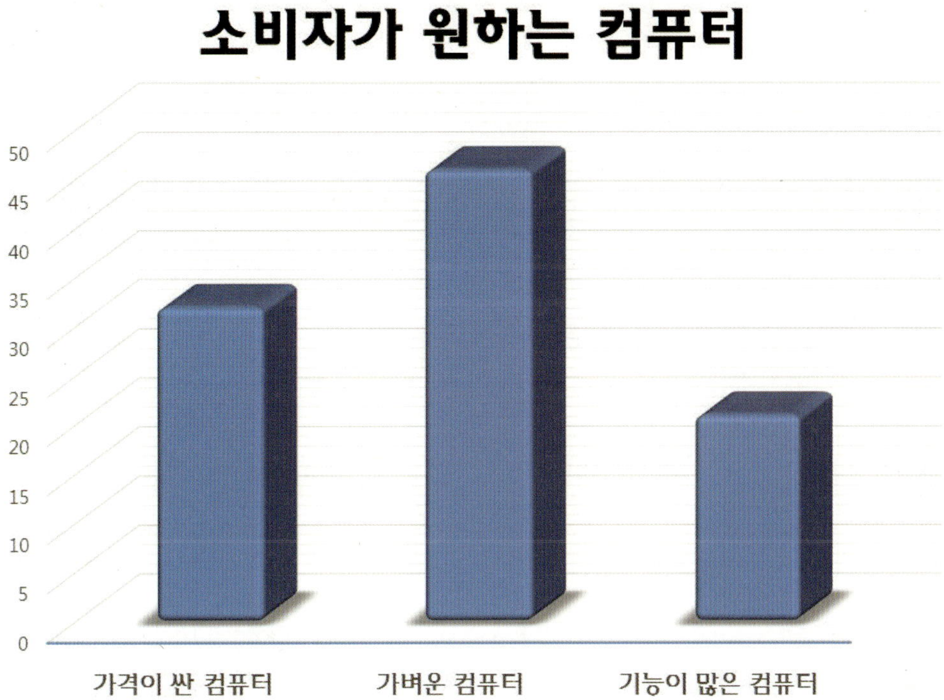

16 결과를 살펴봤더니 무게가 가장 중요한 것으로 나타났습니다

1 소비자가 원하는 컴퓨터는 어떤 컴퓨터입니까?

2 위 그래프를 동료에게 어떻게 설명하겠습니까?

학습 목표

- 주제: 아이디어 회의
- 어휘: 관용 표현('손, 발')
- 문법: -(으)ㄴ/는 반면에, -었더니/았더니

어휘

관용 표현(손, 발)

손이 크다	손을 떼다	손에 땀을 쥐다
손발이 맞다	발 뻗고 자다	발 벗고 나서다
발이 넓다	발목을 잡다	발등에 불이 떨어지다

- 마이 씨는 **손이 커서** 손님을 초대하면 항상 푸짐하게 음식을 준비한다.
- 기태 씨는 컴퓨터 사업에서 **손을 뗀 지** 오래돼서 요즘 시장 상황을 잘 모른다.
- 오늘 축구 경기는 **손에 땀을 쥘 정도로** 긴장감이 넘쳤다.
- 이번 프로젝트는 힘들었지만 팀원들의 **손발이 잘 맞아서** 즐거운 작업이었다.
- 이제 모든 일이 잘 마무리 되었으니 **발 뻗고 잘** 수 있겠다.
- 김 과장님은 우리 팀 일이라면 무엇이든지 **발 벗고 나서는** 사람이다.
- 투안 대리님은 **발이 넓어서** 어디에 가든지 아는 사람을 만나요.
- 이번에 파견 근무를 갈 수도 있었는데 외국어 점수가 **발목을 잡았어요**.
- 저는 항상 **발등에 불이 떨어져야** 일을 시작해요.

- 푸짐하게
- 긴장감
- 넘치다
- 파견 근무
- 외국어 점수

어휘 연습

1. [보기]와 같이 연결하세요.

[보기]	손이 크다 •		• 어려운 일이 해결되어 마음이 편해요.
(1)	손에 땀을 쥐다 •		• 누가 이길지 모르는 흥미진진한 경기를 보고 있어요.
(2)	발 뻗고 자다 •		• 어머니는 항상 음식을 많이 만들어요.
(3)	발이 넓다 •		• 이 과장님은 아는 사람이 아주 많아요.

2. [보기]와 같이 알맞은 말을 골라 쓰세요.

손을 떼다　손발이 맞다　발 벗고 나서다　발등에 불이 떨어지다

[보기] 가: 회장님이 이번 달부터 경영에서 손을 떼신다면서요?
나: 저도 들었어요. 건강이 많이 나빠지셨다고 해요.

(1) 가: 영업팀 신입 사원은 잘 적응하고 있어요?
나: 네. 조금만 있으면 다른 팀원들과 ________ 것 같아요.

(2) 가: 최윤지 대리님이 동호회 회장으로 뽑혔다면서요?
나: 맞아요. 최 대리님은 동호회 일에 항상 ________.

(3) 가: 대리님, 퇴근 안 하세요?
나: 네. 지금 ________. 아까 기획팀에서 내일 오전까지 시장조사 결과를 달라고 연락이 왔는데 아직 준비를 못했거든요.

문법1

-(으)ㄴ/는 반면에

(동사나 형용사, '이다, 아니다'에 붙어) 앞 절의 내용과 뒤에 오는 내용이 상반되는 사실을 표현할 때 사용한다.

(Gắn với động từ hoặc tính từ, 'có (이다), không (아니다)') Dùng khi muốn nói sự thật của nội dung xuất hiện ở vế sau trái ngược với nội dung của vế trước.

- 가: 마이 씨 동생도 성격이 외향적이에요?
  나: 아니요. 저는 성격이 좀 외향적인 반면에 제 동생은 내성적인 편이에요.
- 가: 이 호텔은 위치가 좋은 반면에 시설이 오래됐어요.
  나: 맞아요. 그래도 불편한 정도는 아니니까 괜찮아요.
- 이 휴대폰은 가격이 비싼 반면에 기능이 다양해요.
- 저는 닭고기와 돼지고기는 좋아하는 반면에 쇠고기는 싫어해요.

형용사	받침 O	-은 반면에	좋은 반면에, 짧은 반면에, 많은 반면에
	받침 X	-ㄴ 반면에	아픈 반면에, 예쁜 반면에, 비싼 반면에
동사	받침 O	-는 반면에	*사는 반면에, 자는 반면에, 먹는 반면에
	받침 X		
명사	받침 O	인 반면에	선생님인 반면에, 부자인 반면에, 한국 사람인 반면에
	받침 X		

★ 하나의 주어에 대해 앞 절과 뒤 절이 상반된 내용을 나타내기도 하고, 서로 다른 주어의 차이를 나타낼 때도 사용한다. 주로 격식적이거나 공적인 상황에서 많이 쓰인다.

Có khi thể hiện nội dung trái ngược của vế sau với vế trước của cùng một chủ ngữ hoặc cũng có thể là khác chủ ngữ. Chủ yếu dùng nhiều trong tình huống mang tính nghi lễ hoặc tính chính thức.

- 그 식당은 음식이 맛있는 반면에 가격이 좀 비싸다.
- 언니는 키가 큰 반면에 나는 키가 작다.

문법 연습1

1. [보기]와 같이 쓰세요.

> **[보기]** 이 회사 / 월급이 많다 / 일이 힘들다
> → 이 회사는 월급이 많은 반면에 일이 힘들어요.

(1) 라면 / 맛있다 / 건강에 좋지 않다

→ ____________________.

(2) 그 수업 / 지루하다 / 배울 것이 많다

→ ____________________.

(3) 나 / 축구를 좋아하다/ 여자 친구 / 야구를 좋아하다

→ ____________________.

(4) 오빠 / 아침을 안 먹다 / 언니 / 아침을 꼭 챙겨 먹다

→ ____________________.

2. [보기]와 같이 쓰세요.

> **[보기]** 가: 이 컴퓨터는 가격이 싸서 좋네요.
> 나: 맞아요. 그런데 가격이 싼 반면에 무게가 무거워요.

(1) 가: 투안 씨는 시간 약속을 잘 안 지키더라고요.

나: 투안 씨가 ____________________.

(2) 가: 새로 생긴 서점이 크고 깨끗하던데요.

나: 그 서점이 ____________________.

(3) 가: 그 식당은 너무 불친절한 것 같아요.

나: 네. 그런데 ____________________?

(4) 가: 차를 사니까 출퇴근하기가 편하지요?

나: ____________________.

문법2

-었더니/았더니

(동사에 붙어) 과거에 직접 관찰한 사실이나 경험한 것에 대한 결과를 나타내며, 앞 절이 뒤 절의 원인이 되는 경우가 많다.

(Gắn với động từ) thể hiện kết quả của một sự thật hay kinh nghiệm mà người nói trực tiếp quan sát được trong quá khứ, có nhiều trường hợp vế trước là nguyên nhân của vế sau.

- 가: 어제 아파서 한국어 수업에 못 왔다면서요? 지금은 괜찮아요?
  나: 네. 병원에 갔더니 감기몸살이라고 하더라고요.
- 가: 왜 이번 주에 갑자기 소비자 불만 접수가 증가했나요?
  나: 불만 내용을 확인해 봤더니 90%가 접속 장애에 대한 것입니다.
- 게임을 오래 했더니 눈이 너무 아파요.
- 어제 사무실에 왔더니 컴퓨터가 켜져 있더라고요.

ㅏ, ㅗ	-았더니	갔더니, 왔더니, 찾았더니, 만났더니, 봤더니
ㅏ, ㅗ 이외	-었더니	먹었더니, 두었더니, 썼더니, 비웠더니
-하다	-했더니	말했더니, 전화했더니, 운동했더니, 시작했더니

★ 자신의 상태를 나타낼 때 뒤 절의 주어가 1인칭이 될 수 있다.

Khi thể hiện trạng thái của bản thân thì chủ ngữ của vế sau có thể là ngôi thứ nhất.

- 잠을 못 잤더니 피곤하다.

★ 앞 절과 뒤 절의 주어가 다를 때, 앞 절의 주어는 주로 1인칭이다.

Khi chủ ngữ của vế trước và vế sau khác nhau, chủ ngữ của vế trước chủ yếu là ngôi thứ nhất.

- 내가 어제 후배 일을 좀 도와줬더니 후배가 저녁을 사 줬다.
- 오랜만에 동호회 모임에 갔더니 동료들이 아주 반가워했다.

문법 연습2

1. [보기]와 같이 쓰세요.

밥을 안 먹다　　오랫동안 운전을 하다　　에어컨을 켜고 자다
한동안 운동을 안 하다　　커피를 많이 마시다

[보기] 밥을 안 먹었더니 배가 고파요.

(1) ________________ 잠이 잘 안 와요.

(2) ________________ 감기에 걸린 것 같아요.

(3) ________________ 허리가 아파요.

(4) ________________ 살이 많이 쪘어요.

2. [보기]와 같이 쓰세요.

[보기] 가: 투안 씨, 몸이 좋아졌네요.
나: 매일 운동을 했더니 근육이 생겼어요.

(1) 가: 기태 씨, 많이 피곤하세요?
나: 네. 며칠 동안 ________________ 좀 피곤하네요.

(2) 가: 감기는 다 나았어요?
나: 네. ________________ 이제 다 나았어요.

(3) 가: 여행지에서 어떻게 길을 찾았어요?
나: ________________ 지나가는 사람들이 친절하게 가르쳐 주더라고요.

(4) 가: 왜 짱 씨가 오늘 점심을 사 줬어요?
나: 제가 어제 ________________ 짱 씨가 고맙다고 밥을 사줬어요.

대화

소비자 요구 분석 결과

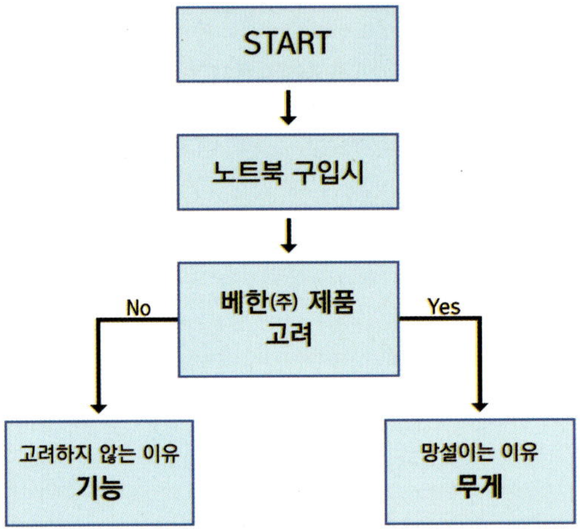

하민규: 지금까지 여러분이 발로 뛰면서 조사한 덕분에 우리 회사 노트북에 대한 장단점이 잘 분석된 것 같습니다. 오늘은 소비자 요구 분석 결과를 볼 차례지요? 두 조사 결과를 함께 보고 나서 신제품 개발 방향을 잡도록 하지요.

투 안: 네, 향후 육 개월 내 노트북 구매 의사가 있는 잠재 소비자 천 명을 대상으로 설문조사를 실시했습니다. 그 결과를 분석해 봤더니 잠재 소비자들이 노트북 구입 시 무게를 가장 중요하게 생각하는 것으로 나타났습니다. 이번 신제품도 무게를 혁신적으로 줄이는 것에 초점을 맞춰야 한다고 생각합니다.

프 엉: 일리 있는 말씀입니다. 그러나 요즘 경쟁사들도 무게에 초점을 둔 제품들을 잇따라 출시하고 있습니다. 무게에 초점을 두면 트렌드를 따라갈 수 있는 반면에 우리 제품의 특별한 장점이 잘 드러나지 않을 것 같습니다.

최윤지: 무게를 줄여야 한다는 데에는 동의합니다. 우리 제품 구입을 고려하는 소비자들에게 무엇 때문에 구매를 망설이냐고 물었더니 무게 때문이라는 응답이 가장 많았습니다. 반면에 우리 제품 구입 의사가 없는 소비자들은 차별화된 기능이 없기 때문이라고 응답했습니다. 즉, 무게를 줄이는 것은 기본이고 다른 제품과 차별화될 수 있는 다른 기능 개발이 더 중요하다고 생각합니다.

- 발로 뛰다
- 요구 분석
- 개발 방향
- 잠재 소비자
- 혁신적으로
- 초점을 맞추다
- 일리 있다
- 잇따르다
- 트렌드
- 고려하다
- 망설이다
- 구입 의사
- 차별화된 기능

- 소비자들이 노트북을 구매할 때 가장 중요하게 생각하는 것은 무엇입니까?
- 이 회사의 신제품은 무엇에 초점을 맞출 것 같습니까?

17

이 개발안대로 상부에 보고하겠습니다

1 남자는 무엇을 하고 있습니까?

2 상사에게 업무를 보고할 때 무엇이 가장 중요하다고 생각합니까?

학습 목표

- 주제: 아이디어 확정 회의
- 어휘: 상, 하
- 문법: 대로, -(으)ㄴ/는 데다가

어휘

상, 하

상사	부하 직원	상위권	하위권
상반기	하반기	영상	영하
상승	하락	상의	하의

- 회사에서 일을 잘 가르쳐 주는 좋은 **상사**를 만나는 것은 큰 복이다.
- 좋은 상사를 만나기가 어려운 것처럼 좋은 **부하 직원**을 만나는 것도 어려운 일이다.
- 우리 부서가 올해 영업 실적 **상위권**에 올랐다.
- 중간고사 점수가 **하위권**이어서 기말고사에 대한 부담감이 커졌다.
- 우리 회사 신입 사원 채용은 **상반기**에 한 번, **하반기**에 한 번, 1년에 총 두 번 실시한다.
- 긴 겨울이 지나고 기온이 **영상**으로 올랐다.
- 여름에는 **영상** 40도까지 올라가고 겨울에는 **영하** 20도까지 내려가는 날씨 때문에 많은 사람들이 힘들어하고 있다.
- 매출은 **상승**했으나 수익은 **하락**하여 수익률에 대한 대책이 필요하다.
- 나는 회사에 갈 때 흰색 **상의**를 즐겨 입는다.
- 여름에는 자유롭게 **하의**를 선택할 수 있어서 반바지를 입고 회사에 간다.

- 복
- 부담감
- 총
- 실시하다
- 수익률
- 대책

어휘 연습

1. [보기]와 같이 연결하세요.

[보기]	영상 •	• 영하
(1)	상사 •	• 하위권
(2)	상승 •	• 부하 직원
(3)	상위권 •	• 하락

2. [보기]와 같이 알맞은 말을 골라 쓰세요.

하반기　상승　부하 직원　영하

[보기] 가: 한국 겨울은 많이 춥지요?
나: 네. 기온이 자주 영하로 떨어져요.

(1) 가: 우리 팀이 상반기 영업 실적이 가장 안 좋다고 해요.
나: 너무 실망하지 마세요. 상반기에는 그랬지만 ________ 에는 더 잘할 수 있을 거예요.

(2) 가: ________ 이/가 승진해서 다른 팀으로 간다면서요?
나: 네. 아직 신입 사원인 것 같은데 아들을 장가보내는 기분이에요.

(3) 가: 집을 사고 싶은데 요즘 하노이 집값이 어때요?
나: 어제 뉴스를 보니까 작년보다 집값이 평균 10% ________ 했더라고요.

문법1

대로

(명사에 붙어) 뒤에 나오는 행동이나 상태가 앞말의 모양이나 상태와 똑같다는 것을 나타낸다.

(Gắn với danh từ) thể hiện hành động hay trạng thái xuất hiện ở sau giống y như hình dạng hay trạng thái của lời nói phía trước.

- 가: 복사기를 어떻게 고쳤어요?
  나: 설명서대로 했더니 다시 잘 작동하더라고요.
- 가: 한국 음식을 정말 잘 만드시네요.
  나: 잘 만들기는요. 인터넷에 나와 있는 요리법대로 따라해 봤어요.
- 선생님의 조언대로 공부했더니 성적이 많이 올랐다.
- 우리 팀은 지난해 말에 계획대로 신제품을 출시했다.

★ '대로' 앞에 오는 말은 '약속, 말, 말씀, 사실, 설명서, 책, 법' 등 근거가 될 만한 내용이나 사실 등을 나타내는 명사여야 한다.

Lời nói xuất hiện phía trước '대로' phải là danh dừ thể hiện nội dung hay sự thật là căn cứ của 'lời hứa, câu nói, lời nói, sự thật, giấy hướng dẫn, sách, luật" v.v...

- 저 집대로 수리하고 싶어요. (×)

★ 동사에 붙어 현재 시제는 '-는 대로'로, 과거 시제는 '-(으)ㄴ 대로'의 형태로 사용한다.

Gắn với động từ ở thời hiện tại thì nó sẽ có hình thức:'-는 대로'로, quá khứ thì sẽ có hình thức '-(으)ㄴ 대로'

- 어제 본 대로 말씀 드릴게요.
- 제가 하는 대로 따라하세요.

문법 연습1

1. [보기]와 같이 알맞은 말을 골라 쓰세요.

약속　말씀　사실　사용 설명서　결심

[보기] 약속대로 내일 결제 대금을 보내 드리겠습니다.

(1) 투이 씨는 새해 ＿＿＿＿＿＿ 꾸준히 운동을 하고 있다.

(2) 선생님 ＿＿＿＿＿＿ 공부하면 한국어를 잘할 수 있을까요?

(3) 제가 보고 들은 것을 ＿＿＿＿＿＿ 말씀드리겠습니다.

(4) ＿＿＿＿＿＿ 했지만 전원이 들어오지 않습니다.

2. [보기]와 같이 쓰세요.

[보기] 가: 보고서를 처음 쓰는데 어떻게 해야 할지 모르겠어요.
나: 매뉴얼에 쓰여 있는 대로 작성해 보세요. (매뉴얼에 쓰여 있다)

(1) 가: 어제 저희 아이가 제가 하는 말을 똑같이 하더라고요.
나: 아이들은 ＿＿＿＿＿＿.(부모님이 말하다)

(2) 가: 이 발음을 어떻게 하는지 잘 모르겠어요.
나: ＿＿＿＿＿＿. (제가 하다)

(3) 가: 이제 김치찌개를 정말 잘 끓이네요.
나: 뭘요. ＿＿＿＿＿＿. (지난번에 배우다)

(4) 가: 제 면접 차례가 다가오니까 너무 떨려요.
나: 걱정하지 마세요. 지금까지 ＿＿＿＿＿＿.
(연습하다)

문법2

-(으)ㄴ/는 데다가

(동사나 형용사에 붙어) 이미 완결된 동작이나 상태 위에 비슷한 성격의 동작이나 상태가 더해지는 것을 나타낸다.

(Gắn vào động từ và tính từ) thể hiện sự tăng thêm động tác hoặc trạng thái của một tính chất giống với động tác hoặc trạng thái đã kết thúc ở phía trước.

- 가: 오늘 왜 회사에 지각했어요?
  나: 비가 오는 데다가 제 앞에서 접촉 사고까지 나서 늦었어요.
- 가: 새로 이사한 곳은 마음에 들어요?
  나: 아니요. 방이 너무 좁은 데다가 어두워요.
- 투안 씨는 성실한 데다가 유머 감각도 있어요.
- 이 제품은 가격이 싼 데다가 기능도 다양해요.

형용사	받침 O	-은 데다가	좋은 데다가, 짧은 데다가, 많은 데다가
	받침 X	-ㄴ 데다가	아픈 데다가, 예쁜 데다가, 비싼 데다가
동사	받침 O	-는 데다가	사는 데다가, 자는 데다가, 먹는 데다가
	받침 X		

★ 앞 절과 뒤 절의 주어가 같아야 하고, 비슷한 내용이 와야 한다.

Chủ ngữ của vế trước và vế sau phải giống nhau hoặc phải có nội dung giống nhau.

- 형은 기타를 잘 치는 데다가 노래도 잘 불러요. (○)
- 형은 기타를 잘 치는 데다가 노래를 못 불러요. (×)

★ '-(으)ㄴ/는 데다가' 다음에 '(명사)도, 까지'와 같은 형태가 자주 온다.

Sau '-(으)ㄴ/는 데다가' thường được dùng với '(danh từ)도, 까지'.

- 이 카페는 예쁜 데다가 커피 맛도 좋아요.

문법 연습2

1. [보기]와 같이 쓰세요.

> **[보기]** 감기에 걸렸어요. 잠도 잘 못 잤어요.
> → 감기에 걸린 데다가 잠도 잘 못 자서 너무 피곤해요.

(1) 이 컴퓨터는 가벼워요. 필기 기능까지 있어요.

→ ______________________.

(2) 투안 씨는 노래를 잘 불러요. 춤도 잘 춰요.

→ ______________________.

(3) 짱 씨는 메모를 자주 해요. 기억력도 좋은 편이에요.

→ ______________________.

2. [보기]와 같이 알맞은 말을 골라 쓰세요.

머리가 좋다	저렴하다	점심을 많이 먹다	기온이 높다

> **[보기]** 가: 마이 씨는 한국 사람처럼 한국말을 잘해요.
> 나: 마이 씨는 머리가 좋은 데다가 공부도 열심히 하잖아요.

(1) 가: 한국 여름이 다른 나라 여름보다 더 더운 것 같아요.

나: 네. ____________ 습도도 높아서 더 더운 것 같아요.

(2) 가: 왜 그렇게 힘들어 해요? 어디 아파요?

나: 아니요. 배가 너무 불러서요. ____________ 디저트까지 먹었거든요.

(3) 가: 이 호텔은 예약이 다 찼네요. 왜 이렇게 인기가 많지요?

나: 이 호텔은 ____________ 시설까지 좋거든요.

대화

하민규: 자, 이제는 신제품 개발 방향을 결정해야 합니다. 오늘 회의에서는 지금까지 논의했던 내용을 모두 종합하여 개발안을 확정하겠습니다. 최윤지 대리가 지금까지 논의된 사항을 정리해 주시지요.

최윤지: 네. 현지 시장 조사와 소비자 의견, 잠재 소비자 요구 분석을 종합해 보면 우리 신제품은 가벼운 무게를 기본으로 하고, 다른 노트북과 차별화되는 기능을 추가해야 합니다. 이미 연구개발팀에서 시장의 흐름대로 무게를 줄일 수 있는 기술을 개발하고 있습니다. 문제는 새로운 기능입니다.

투 안: 맞습니다. 현재까지 논의된 것은 게임 특화, 스크린 360도 회전, 필기 기능입니다.

프 엉: 게임 특화 노트북은 이미 시장에 나와 있고 수요도 많지 않기 때문에 다른 두 기능을 중점적으로 논의하면 좋겠습니다.

하민규: 아까 연구개발팀장과 이야기했는데 스크린 회전 모니터는 무게를 줄이기가 어렵다고 합니다. 필기 기능은 지금까지 시장에 없었으니까 그 기능을 추가하는 방향으로 가는 게 어떻겠습니까?

기 태: 좋습니다! 가벼운 데다가 필기 기능까지 있다면 정말 멋진 신제품이 나올 것 같은데요?

하민규: 네, 저도 기대가 됩니다. 그럼 이 개발안대로 상부에 보고하겠습니다. 신제품이 출시될 때까지 긴장의 끈을 놓지 말고 다음 단계도 잘해 봅시다.

- 종합하다
- 확정하다
- 잠재 소비자
- 차별화
- 특화
- 중점적으로
- 긴장의 끈을 놓다

- 지금까지 이 팀은 어떤 기능들을 검토했습니까?
- 이 팀은 어떤 신제품을 개발하기로 결정했습니까?

18 제품명 공모에 참가해 보지 그래요?

1 회사에서는 신제품의 이름을 어떻게 결정합니까?

2 회사에서 진행하는 공모전에는 어떤 것들이 있습니까?

학습 목표

- 주제: 공모전 및 홍보
- 어휘: …품
- 문법: -(으)ㄹ 텐데, -지 그래요

어휘

…품

제품	상품	신제품	기성품
사은품	불량품	시제품	물품
수입품	수출품	작품	식품

- 이번 **신제품**은 **기성품**보다 성능이 향상되고 가격도 상승했어요.
- **시제품**의 문제점을 개선하여 **신제품** 개발에 반영하도록 하세요.
- 마트에 갔더니 **식품** 구입 고객에게 **사은품**으로 휴지를 주더라고요.
- 이번에 나온 제주도 여행 **상품**이 괜찮네요. 휴가 때 제주도에 가볼까 해요.
- 지난번에 산 전기밥솥이 **불량품**이라서 교환했어요.
- 그 화가의 **작품**이 수상을 하면서 아주 유명해졌어요.
- 그 가게는 **수입품** 전문 매장이라서 국내 생산 제품은 팔지 않아요.

- 성능
- 향상되다
- 거치다
- 밥솥
- 수상을 하다
- 전문 매장
- 국내 생산

어휘 연습

1. [보기]에서 알맞은 말을 골라 쓰세요.

[보기] 수출품 식품 작품 기성품

(1) 냉장 ________ 의 유통기한은 짧은 편입니다.

(2) 옛날에는 우리나라의 대표적인 ________ 은 자동차였는데, 최근에는 휴대폰이 수출량 1위를 차지했습니다.

(3) 어제 다녀온 사진 전시회에서 멋진 ________ 들을 구경할 수 있었습니다.

(4) 이번 신제품은 ________ 에 비해 화면이 더 커지고 카메라 화질도 좋아졌어요.

2. [보기]에서 알맞은 말을 골라 쓰세요.

[보기] 불량품 사은품 제품

(1) 가: 어제 산 전자레인지가 작동이 잘 안 돼요.
나: 그래요? ________ 인 것 같은데 교환하지 그래요?

(2) 가: 베한전자 ________ 이 어디 있나요?
나: 네. 손님. 저기에 진열되어 있습니다.

(3) 가: 치약이 많은데 왜 또 샀어요?
나: 산 거 아니에요. 백화점에서 물건을 많이 샀더니 ________ 으로 치약을 주더라고요.

문법1

-(으)ㄹ 텐데

(동사나 형용사, '이다, 아니다'에 붙어) 어떤 내용에 대한 말하는 사람의 추측을 나타낸다. 뒤 절에는 추측한 내용과 관련되거나 반대되는 내용을 제시한다.

(Gắn vào tính từ, động từ, động từ 'là (이다)', 'không phải là (아니다)') thể hiện sự dự đoán của người nói về nội dung nào đó. Ở vế sau đưa ra nội dung liên quan đến nội dung đã dự đoán hoặc nội dung ngược lại với nội dung đã dự đoán.

- 가: 오늘 날씨 어떨까요? 우산은 필요 없겠지요?
  나: 오후에 비가 올 텐데 가지고 가세요.
- 가: 어제 일이 많아서 피곤했을 텐데 밤늦게 운동도 했어요?
  나: 네. 일이 많았지만 별로 피곤하지 않아서 괜찮았어요.
- 선생님, 바쁘실 텐데 시간 내 주셔서 감사합니다.
- 돌아가신 할머니께 받은 거면 소중한 책일 텐데 잘 보관하세요.

받침 ○	-을 텐데	찾을 텐데, 무거울 텐데, 지을 텐데
받침 ×	-ㄹ 텐데	갈 텐데, 쓸 텐데, 빠를 텐데 *놀 텐데, *만들 텐데
ㄹ 받침		

★ 과거 '-었-'과는 결합하지만 미래·추측의 '-겠-'과는 결합하지 않는다.

Có thể kết hợp với thì quá khứ '-었-' nhưng không kết hợp với thì tương lai, dự đoán '-겠-'.

- 저녁을 먹었을 텐데 배가 또 고프다고요? (○)
- 저녁을 먹겠을 텐데 간식을 먹지 말자. (×)

★ '-을 텐데'의 뒤 절이 생략되어 추측만 나타내기도 한다.

Có khi vế sau của cấu trúc '-을 텐데' được lược bỏ và chỉ thể hiện sự dự đoán mà thôi.

- 좀 앉으세요. 계속 서 있으면 다리가 아플 텐데요.
- 좀 더 큰 걸 사는 게 어때? 이 옷을 입으면 좀 작을 텐데.

문법 연습1

1. [보기]와 같이 쓰세요.

[보기] 가: 주말에 영화를 보러 갈래요?
나: 주말에 영화관에 사람이 많을 텐데 평일에 보는 게 어때요?

(1) 가: 오늘 회식은 돼지고기로 할까요?
나: 부장님이 돼지고기를 ______ 소고기를 먹는 게 어때요?

(2) 가: 창문을 닫아도 돼요?
나: 창문을 닫으면 ______ 열어 놓는 게 좋겠어요.

(3) 가: 거래처와 계약은 내일로 정할까요?
나: 준비할 시간이 ______ 괜찮겠어요?

(4) 가: 복사 용지를 총무 팀에서 가지고 오면 되나요?
나: 아니요, 복사 용지는 비품실에 ______ 거기로 가 보세요.

2. [보기]와 같이 쓰세요.

[보기] 상자가 무겁다
가: 상자가 무거울 텐데 같이 들까요?
나: 괜찮아요. 대리님도 힘드실 텐데요.

(1) 배가 고프다
가: ______?
나: ______.

(2) 돈이 없다
가: ______.
나: ______.

(3) 한국어가 어렵다
가: ______?
나: ______.

문법2

-지 그래요

(동사에 붙어) 듣는 사람에게 조언, 충고, 제안 등을 할 때 사용한다. 책망하는 느낌이 있어 친한 사이나 나이가 어린 사람에게 사용한다.

(Gắn vào động từ) sử dụng khi đưa ra lời khuyên, lời cảnh báo hay lời đề nghị với người nghe. Cấu trúc này mang lại cảm giác trách mắng đối phương cho nên nó được sử dụng trong những mối quan hệ thân thiết hoặc với người nhỏ tuổi hơn.

- 가: 회의 자료 만들어야 하는데 컴퓨터가 고장 났어요.
  나: 그럼 이 노트북을 쓰지 그래요?
- 가: 저는 콜라를 마실래요.
  나: 콜라는 아까 마셨으니까 주스를 마시지 그래요?
- 오늘은 너무 늦었으니까 퇴근하지 그래요?
- 요즘 지각을 자주 하는데 아침에 좀 더 일찍 일어나지 그래요?

★ '-는 게 어때요?' 등의 다른 제안이나 조언 표현에 비해 화자의 생각이 더 분명하고 강하게 드러나고 상대방의 잘못을 안타까워하거나 책망하는 느낌이 있다.

so với những cấu trúc thể hiện sự đề nghị hay khuyên răn như '-는 게 어때요- làm... thì thế nào?' thì cấu trúc này cho thấy rõ suy nghĩ của người nói và có chút cảm giác tiếc nuối hoặc trách mắng sai lầm của đối phương.

★ '-지 그랬어요?'의 형태로 쓰면 청자의 과거에 대해 다른 행동을 했으면 좋았을 거라는 안타까움이나 비난을 표현할 때 사용한다.

Nếu dùng dưới dạng '-지 그랬어요?- giá mà.... thì có phải tốt không.' sẽ thể hiện sự tiếc nuối hoặc phê phán người nghe với ý: giá mà trong quá khứ người nghe hành động khác đi thì đã tốt rồi.

- 가: 어제 제가 큰 실수를 했어요. 계약서에 금액을 잘못 썼거든요.
  나: 아이고, 왜 그런 실수를 했어요? 제대로 확인하지 그랬어요?

문법 연습2

1. [보기]와 같이 쓰세요.

[보기] 가: 머리가 너무 아프네요.
나: 참지 말고 약을 먹지 그래요?

(1) 가: 너무 많이 걸어서 다리가 아파요.
나: 더 이상 걷지 말고 잠깐 ______?

(2) 가: 아침잠이 많아서 자주 지각해요.
나: 일찍 일어나도록 알람을 ______?

(3) 가: 지금 사는 집이 회사와 너무 멀어요.
나: 거기에 살지 말고 회사 근처로 ______?

(4) 가: 다음 주가 시험인데 공부를 하나도 못해서 포기하려고요.
나: 시험을 포기하지 말고 지금부터라도 ______?

2. [보기]와 같이 쓰세요.

[보기] 가: 아침을 안 먹었더니 너무 배고파요.
나: 바빠도 아침식사를 하지 그랬어요?

(1) 가: 비가 많이 오는데 우산이 없어요.
나: 집에서 우산을 ______?

(2) 가: 요즘 밤늦게 자주 먹어서 살이 많이 쪘어요.
나: 배고파도 ______?

(3) 가: 제가 한 거짓말 때문에 박 대리가 화가 많이 났어요.
나: 사실대로 ______?

(4) 가: 어젯밤에 문을 열고 잤더니 감기에 걸린 것 같아요.
나: 아이구, 문을 ______?

대화

하민규: 어제 신제품 개발 방향에 대한 임원 회의가 있었습니다. 임원 대부분이 우리가 보고한 개발 방향에 대해 공감했고, 이 방안 그대로 추진하기로 했습니다.

투 안: 정말 뿌듯하네요. 그리고 앞으로 더 잘 준비해야겠다는 생각이 듭니다.

하민규: 모두 수고 많았습니다. 이제는 신제품 홍보와 출시 이벤트에 집중해야겠습니다.

최윤지: 제품이 출시되기 전에 효과적으로 우리 제품을 홍보할 수 있는 방법이 없을까요? 소비자들의 관심을 끌면서도 자연스러운 방법이 있으면 좋을 텐데요.

프 엉: 블라인드 마케팅을 활용해서 제품 이름을 공모해 보는 건 어떨까요?

투 안: 아, 어떤 회사 제품인지 말해 주지 않고 제품 특징만 알린 다음에, 이름에 대한 아이디어를 받자는 말이지요?

프 엉: 맞아요. 좋은 의견을 내는 사람들에게는 저희 신제품도 선물하고요.

투 안: 신제품 이름을 공모하면서 자연스럽게 제품의 특징을 알리고 관심을 유도하는 방법, 아주 좋은 것 같습니다.

박기태: 저도 신제품을 선물 받고 싶은데요.

투 안: 그럼 기태 씨도 제품명 공모에 참가해 보지 그래요?

프 엉: 그래요. 한번 해 보세요.

- 임원
- 공감하다
- 추진하다
- 뿌듯하다
- 이벤트
- 집중하다
- 출시하다
- 관심을 끌다
- 자연스럽다
- 블라인드 마케팅
- 공모
- 유도하다
- 제품명

- 어제 임원 회의에서 어떤 이야기를 했습니까?
- 프엉 씨의 홍보 아이디어는 무엇입니까?

19 다른 업무를 처리하느라고 미처 못했어요

1 함께 일을 하다가 상대가 잘못했을 때 어떻게 말합니까?

2 내 잘못 때문에 사과해야 할 때 어떻게 말합니까?

학습 목표

- 주제: 업무 갈등
- 어휘: 질책과 사과
- 문법: -느라(고), -(으)ㄹ 수밖에 없다

어휘

질책/사과

"지금 몇 시인지 알아요?" "일을 이렇게 처리하면 어떡합니까?" "미리 말을 해 줬어야죠." "문제가 해결되지 않고 있습니다."	"대단히 죄송합니다." "깊이 사과드립니다." "제 생각이 짧았습니다." "다음부터는 주의하겠습니다." "다시는 이런 일이 없도록 하겠습니다."

- 과장: 타이 씨, 오늘 아침도 지각입니까? **지금 몇 시인지 알아요**?
  타이: 죄송합니다. 내일부터는 절대 늦지 않겠습니다.
- 대리: 마이 씨, **일을 이렇게 처리하면 어떡합니까**? 보고한 것과 달라졌으면 **미리 말을 해 줬어야죠**.
  마이: 대리님, 죄송합니다. **제 생각이 짧았습니다**. 다음부터는 꼭 말씀 드리겠습니다.
- 응웬: 로안 씨, 자료 준비를 잊어버리면 어떡해요?
  로안: 죄송해요. **다음부터는 주의할게요**.
- 거래처 대리: 사후 관리가 제대로 되지 않고 있습니다.
  영업 사원: 먼저 **깊이 사과드립니다**. 확인해서 처리하고, **다시는 이런 일이 없도록 하겠습니다.**

어휘 연습

1. [보기]에서 알맞은 말을 골라 쓰세요.

[보기]	죄송합니다	사과드립니다	짧았습니다	주의하겠습니다

(1) 과장: 하 사원, 보고서를 이제 주면 어떡합니까?
하: 대단히 ______________. 자료 정리에 시간이 좀 많이 걸렸습니다.

(2) 과장: 늦으면 늦는다고 미리 말을 해 줬어야죠.
하: 제 생각이 ______________. 앞으로 조심하겠습니다.

(3) 황: 김 과장님, 말씀하신 내용 확인해 봤는데 저희 실수가 맞습니다. 깊이 ______________.

(4) 거래처: 지난번에도 이런 일이 있었는데, 일 처리를 이렇게 하시면 어떡합니까?
황: 죄송합니다. 다시는 이런 일이 없도록 ______________.

2. [보기]의 상황에서 주고받을 수 있는 대화를 만들고 이야기해 보세요.

[보기]

(1) 가: 일이 많아서 동료와 약속한 일을 잊어버렸다.
나: '가'가 약속한 일을 마치기를 기다리고 있었다.

(2) 가: 인사팀장이다. 신입 사원이 지각을 자주 한다.
나: 지난달에 입사했다. 집에서 회사까지 교통 상황이 좋지 않아서 자꾸 지각을 한다.

(3) 가: 거래처 과장이다. '나'의 회사와 계약을 진행하는데 문서가 회의 내용과 다르다.
나: 영업 사원이다. '가' 회사와 주고받는 문서를 꼼꼼하게 확인하지 못했다.

문법1

-느라(고)

(동사에 붙어) 앞말의 어떤 행위 때문에 뒷말의 행위를 하지 못했거나 혹은 뒷말에 발생한 부정적인 결과에 대한 원인이나 이유를 나타내는 데에 사용한다. '-느라고'는 구어에서 '-느라'로 더 많이 쓰인다.

(Gắn với động từ) Sử dụng khi mốn nói nguyên nhân hoặc lý do vì một hành vi nào đó của lời nói phía trước mà không làm được hành vi ở vế sau hoặc nói kết quả có tính phủ định phát sinh từ câu nói phía sau.

- 가: 휴대 전화를 안 가지고 왔어요? 몇 번이나 전화를 했는데요.
  나: 아, 미안해요. 책을 읽느라고 전화가 온 줄 몰랐어요.
- 가: 너 그거 봤어? 어제 정말 대단했잖아. 주인공이 말이야!
  나: 쉿! 나 재방송 볼 거니까 말하지 마. 시험공부를 하느라 못 봤거든.
- 친구들하고 노느라 밤을 새웠어요.
- 지난 주말에 이사를 하느라고 몹시 힘들었다.

★ 앞 절과 뒤 절의 주어가 같아야 하고, 주로 뒤 절의 주어는 생략한다.

Chủ ngữ của vế trước và vế sau phải giống nhau và chủ ngữ của vế sau được rút gọn đi.

- 지수가 노래를 부르느라고 (지수가) 공부를 못 했어요. (○)
- 지수가 노래를 부르느라고 (희수가) 공부를 못 했어요. (×)

★ 과거 '-었-', 미래·추측의 '-겠-'과 결합하지 않는다.

Không kết hợp với hình thức quá khứ '-었-', tương lai, dự đoán '-겠-'

- 공부를 하느라고 영화를 못 봤어요. (○)
- 공부를 했느라고 영화를 못 봤어요. (×)
- 공부를 하겠느라고 영화를 못 볼 거예요. (×)

★ 뒤 절에 명령문이나 청유문이 올 수 없다.

Vế sau không thể sử dụng hình thức câu mệnh lệnh hoặc khuyên nhủ.

- 공부하느라고 드라마를 보지 마세요. (×)
- 공부하느라고 드라마를 보지 맙시다. (×)

문법 연습1

1. [보기]와 같이 쓰세요.

[보기] 늦게까지 일하느라 잠을 못 자서 피곤해요.

(1) ________ 전화를 못 받았어요.

(2) ________ 지시를 못 들었어요.

2. [보기]에서 알맞은 말을 골라 쓰세요.

[보기] 음악을 듣다　외근을 다녀오다　보고서를 쓰다　길을 찾다

(1) 가: 어젯밤 늦게까지 회사에 있었다면서요?

나: 네. ________ 좀 늦게 퇴근했습니다.

(2) 가: 하 씨, 뭘 듣고 있어요? 저쪽에서 계속 부르잖아요.

나: 아, 죄송해요. ________ 그 소리를 듣지 못했어요.

(3) 가: 왜 이렇게 늦었어? 계속 기다렸잖아.

나: 미안해. 여기가 처음이라서 ________ 늦었어.

(4) 가: 마이 씨, 과장님 봤어요? 아까 찾으셨는데….

나: 그래요? ________ 이제 들어와서 아직 못 봤어요.

문법2

-(으)ㄹ 수밖에 없다

(동사나 형용사, '이다, 아니다'에 붙어) 그것 이외에 다른 가능성이나 방법이 없음을 나타낸다.

(Gắn với động từ hoặc tính từ, 'có (이다), không (아니다)') thể hiện ngoài cái đó ra thì không còn tính khả năng hay phương pháp nào khác.

- 가: 다섯 시 공연 볼까요?
  나: 그건 매진됐대요. 일곱 시 공연을 볼 수밖에 없어요.
- 가: 대리님, 저는 과장님께 보고하는 게 너무 어려워요.
  나: 처음이니까 어려울 수밖에 없지요.
- 커피를 그렇게 마셨으니까 잠이 안 올 수밖에 없어요.
- 그가 노력하는 모습을 보면 늘 최고일 수밖에 없다는 걸 이해할 수 있다.

동사	-을 수밖에 없다	먹을 수밖에 없다, 좋을 수밖에 없다, *들을 수밖에 없다,
형용사	-ㄹ 수밖에 없다	잘 수밖에 없다, 쉴 수밖에 없다, *놀 수밖에 없다, 친할 수밖에 없다
이다 아니다	일 수밖에 없다 아닐 수밖에 없다	우리 제품일 수밖에 없다, 친구일 수밖에 없다 친구가 아닐 수밖에 없다.

★ '당연히', '반드시' 와 같은 부사와 함께 자주 사용한다.

Thường dùng với trợ từ: đương nhiên '당연히', nhất định '반드시'

- 열심히 하면 당연히 좋은 결과를 볼 수밖에 없다.
- 열심히 했으니까 반드시 성공할 수밖에 없어요.

문법 연습2

1. [보기]에서 알맞은 말을 골라 쓰세요.

[보기]	외식을 줄이다	취소하다	택시를 타다	계산하다

(1) 생활비가 부족해서 ______________________.

(2) 친구가 지갑을 안 가지고 와서 내가 ______________________.

(3) 비가 세차게 와서 약속을 ______________________.

(4) 야근하느라 버스를 놓쳐서 ______________________.

2. [보기]와 같이 쓰세요.

[보기] 지하철역에서 넘어져서 너무 아팠다.
하지만 창피해서 급하게 일어날 수밖에 없었다.

(1) 배가 별로 고프지 않았다. 하지만 친구가 너무나 열심히 요리를 해 줘서 맛있게 ______________________.

(2) 병원에 가는 것을 싫어하지만 감기에 몹시 심하게 걸려서 ______________________.

(3) 승진하려면 외국어 시험을 통과해야 한다. 그래서 영어와 한국어를 열심히 ______________________.

(4) 청소를 자주 하지 않는다. 하지만 이번 주말에 부모님이 오시기 때문에 ______________________.

대화

정세아: 투안 대리, 다음 달 전략 기획서를 파일로 보내 주세요.

투 안: 아! 그게…. 깜빡했어요. 제가 다른 업무를 처리하느라 미처 못 했습니다. 내일까지 정리해서 보낼게요.

정세아: 네? 오늘까지 주기로 했잖아요. 이렇게 계속 일이 밀리면 업무 진행이 안 되죠.

투 안: 죄송해요. 제가 요즘 신제품 제안서를 쓰느라고 정신이 없어서요.

정세아: 투안 대리가 신제품 TF팀에서 중요한 역할을 맡고 있는 것은 잘 알고 있어요. 하지만 이런 일은 미리 말해 주면 좋잖아요.

투 안: 정 대리님, 정말 죄송해요. 제 생각이 짧았습니다. 먼저 양해를 구했어야 했는데…. 업무에 차질을 빚어서 죄송합니다.

정세아: 그렇게까지 말씀하시면…. 어차피 곧 퇴근 시간이니까 내일까지 기다릴 수밖에 없겠네요.

투 안: 네. 내일 오전까지는 꼭 해서 드릴게요. 이해해 주셔서 고맙습니다.

- 깜빡하다
- 미처
- 역할을 맡다
- 양해를 구하다
- 차질을 빚다

- 여자가 남자에게 무엇을 요청하였습니까?
- 남자는 여자에게 왜 사과를 하고 있습니까?

20 사용할수록 우리 제품의 매력에 빠질 것입니다

1. 사람들이 지금 무엇을 보고 있습니까?
2. 프레젠테이션에서 가장 중요한 것은 무엇입니까?

학습 목표

- 주제: 프레젠테이션
- 어휘: 신…
- 문법: -(으)ㄹ수록, -(으)ㄹ지도 모르다

어휘

신…

신제품	신기술	신소재	신기록
신세계	신형	신축	신규
신장개업		신출내기	

- 이번 **신제품** 개발에는 **신기술**이 적용되었다.
- 최근 전자업계에서는 **신소재** 개발에 중점을 두고 있다.
- 이번 대회에서는 작년보다 더 많은 **신기록**이 쏟아졌다.
- 우리 제품을 사용하는 순간 여러분 눈앞에 **신세계**가 펼쳐질 것입니다.
- 이번 **신형** 모델은 기존 모델보다 소음이 크게 줄었다.
- 우리 회사는 올해 말 사옥을 **신축**할 예정이다.
- 베한텔레콤은 여름 휴가철을 맞아 **신규** 가입 이벤트를 진행한다고 밝혔다.
- 비엣비 식당이 2호점을 **신장개업**하였으니 많이 찾아주시기 바랍니다.
- 이제 막 입사한 **신출내기**라 실수가 있을지도 모릅니다.

- 중점을 두다
- 쏟아지다
- 소음
- 사옥
- 맞다
- 2호점

어휘 연습

1. [보기]와 같이 알맞은 말을 골라 쓰세요.

신제품　신기술　신소재　신기록

[보기] 열심히 연습한 결과 올림픽에서 신기록을 달성했다.

(1) 이번에 새로 출시된 ________ 이/가 시장에서 좋은 반응을 얻고 있다.

(2) 베한전자에서는 ________ 도입을 통해 적은 인력으로 좋은 결과를 만들어 냈다.

(3) 반도체 시장에서 '그래핀(Graphene)'은 강철보다 강하고 신축성이 좋아 미래의 ________ (으)로 주목받고 있다.

2. [보기]와 같이 알맞은 말을 골라 쓰세요.

신형　신축　신규　신장개업　신출내기

[보기] 가: 다음 주에 우리 식당이 신장개업을 하니까 꼭 오세요.
나: 그럼요. 당연히 가 봐야지요.

(1) 가: 요즘 취업이 어렵다면서요?
나: 네. 대기업에서도 ________ 채용을 줄이고 있다고 하네요.

(2) 가: 이번에 우리 회사가 공장을 늘린다고 하던데요.
나: 네. 제2 공장의 ________ 공사가 다음 달에 시작된대요.

(3) 가: 투안 씨, 휴대폰 새로 바꿨어요?
나: 네. 이번에 새로 나온 ________ 모델인데 사진이 정말 잘 나와요.

(4) 가: 요즘 신입 사원들은 왜 그렇게 실수가 많은지 모르겠어요.
나: ________ 이/가 뭘 알겠어요? 우리도 처음에는 그랬잖아요.

문법1

-(으)ㄹ수록

(동사, 형용사, '이다'에 붙어) 앞의 상황이나 정도가 더 심해질 경우 뒤의 상황이나 정도도 이에 비례하여 심해지거나 덜해짐을 나타낼 때 사용한다.

(Gắn vào động từ, tính từ, động từ 'có (이다)') dùng khi thể hiện trường hợp tình huống hay mức độ ở phía trước trở nên nghiêm trọng hơn và tình huống hay mức độ ở phía sau theo đó mà tiếp tục nghiêm trọng hơn nữa hoặc giảm nhẹ đi.

- 가: 새로 시작한 일은 좀 어때요?
  나: 처음에는 어려웠는데 할수록 익숙해지는 것 같습니다.
- 가: 요즘 경제 상황이 안 좋아서 걱정이에요.
  나: 맞아요. 갈수록 더 나빠지는 것 같아서 큰일이에요.
- 벼는 익을수록 고개를 숙인다.
- 친한 사이일수록 서로 더 조심해야 한다.

받침 ○	-을수록	먹을수록, 읽을수록, 좋을수록, *들을수록, *추울수록
받침 ×	-ㄹ수록	갈수록, 마실수록, 예쁠수록, 할수록, *놀수록
ㄹ 받침		
이다	-일수록	상사일수록, 친구일수록, 호황일수록

★ '-(으)면 -(으)ㄹ수록'의 형태로도 쓰인다.

nó được dùng với hình thức: '-(으)면 -(으)ㄹ수록' : càng.... càng...

- 한국어는 공부하면 할수록 재미있어요.
- 돈이 많으면 많을수록 지출도 커진다.

문법 연습1

1. [보기]와 같이 쓰세요.

> **[보기]** 한국어, 공부하다, 재미있다
> → 한국어는 공부할수록 재미있어요.

(1) 회사 생활, 하다, 익숙해지다

→ ______________________.

(2) 유미, 같이 지내다, 매력이 느껴지다

→ ______________________.

(3) 사랑, 나누다, 커지다

→ ______________________.

(4) 이 노래, 듣다, 기분이 좋아지다

→ ______________________.

2. [보기]와 같이 쓰세요.

> **[보기]** 가: 감기는 좀 어때요? 좀 괜찮아요?
> 나: 아니요. 갈수록 심해지는 것 같아요.

(1) 가: 투안 씨, 요즘 그 책에 푹 빠졌나 봐요.

나: 네. ______________________.

(2) 가: 요즘 프엉 씨랑 잘 돼 간다면서요?

나: 네. 프엉 씨는 ______________________.

(3) 가: 어제 핸드폰을 바꿨는데 사용하기가 좀 불편한 것 같아요.

나: 걱정하지 마세요. ______________________.

(4) 가: 요즘 마이 씨가 자꾸 반말을 해요. 친해져서 그런 것 같은데⋯.

나: 그래요? 서로 ______________________.

문법2

-(으)ㄹ지도 모르다

(동사, 형용사, '이다'에 붙어) 어떤 상황에 대해 확실하지 않은 추측을 나타낼 때 사용한다.

(Gắn vào động từ, tính từ, động từ 'là (이다)') Dùng khi thể hiện sự dự đoán không chắc chắn lắm về một tình huống nào đó.

- 가: 일은 잘 되겠지요?
  나: 글쎄요, 잘 안될지도 몰라요.
- 가: 신제품 발표회라서 사람들이 많이 오는 것 같아요.
  나: 이따가 자리가 부족할지도 모르겠는데요.
- 처음이라서 좀 실수가 있을지도 모르겠습니다.
- 뉴욕은 밤일지도 모르니 시간을 계산해 보세요.

받침 ○	-을지도	먹을지도, 읽을지도, 좋을지도, *들을지도, *추울지도
받침 ×	-ㄹ지도	갈지도, 마실지도, 예쁠지도, 할지도, *놀지도
ㄹ 받침		
이다	일지도	회사원일지도, 친구일지도, 가수일지도

★ '-었/았'과 함께 결합하여 과거에 대한 추측이나 현재 완료된 상황에 대한 추측을 나타낼 수 있다.

- 어렸을 때는 공부를 좋아했을지도 몰라요.
- 제 친구는 벌써 결혼했을지도 몰라요.

문법 연습2

1. [보기]와 같이 쓰세요.

> **[보기]** 지금, 퇴근 시간, 차가 많이 막히다
> → 지금은 퇴근시간이라서 차가 많이 막힐지도 몰라요.

(1) 일이 많다, 제시간, 퇴근하다

→ ________________.

(2) 제 친구, 고향, 벌써 결혼하다

→ ________________.

(3) 다음 주, 거래처와 회의, 계약이 잘되다

→ ________________.

(4) 저 두 사람, 우리가 모르다, 사귀는 사이

→ ________________.

2. [보기]와 같이 쓰세요.

> **[보기]** 가: 한국어 전공을 안 했으면 지금 뭘 하고 있을까요?
> 나: 글쎄요. 전 축구를 좋아했으니까 축구 선수가 됐을지도 몰라요.

(1) 가: 지금 출발하면 기차 시간에 늦지 않을까요?

나: 빨리 ________________.

(2) 가: 다음 달 휴가 때 한국에 가면 방송국에 가 볼 거예요.

나: 그래요? 방송국에 가면 ________________.

(3) 가: 이번에 신제품 개발이 성공적이었다면서요?

나: 네. 이번에 ________________.

(4) 가: 20년 후에는 무엇을 하고 있을까요?

나: ________________.

대화

투 안: 오늘 이렇게 신제품 발표회에 참석해 주신 임직원 여러분께 진심으로 감사의 말씀을 드립니다. 지금부터 TF팀 하민규 팀장님이 나오셔서 신제품에 대해 발표해 주시겠습니다.

하민규: 우리 베한전자는 그동안 노트북 시장에서 변화와 혁신을 주도해 왔습니다. 이번 신제품은 지금의 변화를 넘어 새로운 도약을 이루어 내는 발판이 될 것입니다. 자, 그럼 여러분들께 벅찬 마음으로 신제품 '베한노트 N'을 소개합니다.
'베한노트 N'은 첨단 기술을 적용하여 제품의 무게를 획기적으로 줄였습니다. 놀라울 정도로 가벼운 무게에, 사용하는 사람들은 노트북이 아니라고 생각할지도 모릅니다. 또한, 소비자들은 이렇게 작고 가벼우면서도 전보다 더욱 빨라진 속도와 향상된 성능에 반하게 될 것입니다. 특히, 이번 '베한노트 N'에는 일부 스마트폰에만 있는 펜 기능을 적용하였습니다. 새로운 기능을 추가한 우리 제품은 시장에서 틀림없이 우위를 점할 것입니다. 소비자들이 실제로 사용하면 사용할수록 분명 우리 제품의 매력에 빠지게 될 것입니다.

- 주도하다
- 도약
- 발판이 되다
- 벅차다
- 첨단
- 획기적
- 반하다
- 경쟁력
- 우위를 점하다
- 매력에 빠지다

- '베한노트 N'은 기존 제품과 다른 것은 무엇입니까?
- '베한노트 N'의 시장 경쟁력은 무엇입니까?

21 고생 끝에 낙이 온다더니 드디어 신제품이 나오네요

1 사람들이 지금 무엇을 하고 있습니까?

2 동료 간에 격려가 중요한 이유에 대해 이야기해 봅시다.

학습 목표

- 주제: 화해와 격려
- 어휘: 속담
- 문법: -다더니, -(으)ㄹ걸

어휘

속담

공든 탑이 무너지랴	시작이 반이다
천 리 길도 한 걸음부터	백지장도 맞들면 낫다
말 한마디로 천 냥 빚을 갚는다	돌다리도 두들겨 보고 건너라
등잔 밑이 어둡다	티끌 모아 태산

- 열심히 준비했으니 걱정하지 마세요. **공든 탑은 무너지지 않는다**고 하잖아요.
- 자, 힘차게 시작해 봅시다. **시작이 반**이라는 말도 있지 않습니까?
- **천 리 길도 한 걸음부터**라고 우선 베트남어 모음부터 시작해요.
- **백지장도 맞들면 낫다**더니 우리가 힘을 모으니까 금방 끝냈네요.
- 잘 이야기해 보세요. **말 한마디로 천 냥 빚을 갚는다**는 말도 있잖아요.
- **돌다리도 두들겨 보고 건너라**고 했으니까 다시 한 번 준비 사항을 점검해 보세요.
- **등잔 밑이 어둡다**더니 우리 팀 투안 대리님이 엑셀 전문가라는 것을 모르고 있었어요.
- **티끌 모아 태산**이라더니 프엉 씨가 동전을 모아서 노트북을 장만했다고 하네요.

- 힘차다
- 맞들다
- 두들기다
- 장만하다
- 천 냥
- 태산
- 리
- 백지장
- 등잔
- 티끌

어휘 연습

1. [보기]와 같이 알맞은 속담을 골라 쓰세요.

공든 탑이 무너지랴	시작이 반이다
말 한마디로 천 냥 빚을 갚는다	등잔 밑이 어둡다

[보기] 무슨 일이든 시작하기가 어렵지만 일단 시작하면 마치는 것은 어렵지 않다.
시작이 반이다

(1) 말만 잘하면 불가능해 보이는 어려운 일도 해결할 수 있다.

____________________.

(2) 정성을 다해서 한 일은 그 결과가 나쁘지 않다.

____________________?

(3) 가까운 곳에서 생긴 일을 오히려 잘 모른다.

____________________.

2. [보기]와 같이 알맞은 속담을 골라 쓰세요.

천 리 길도 한 걸음 부터	백지장도 맞들면 낫다
티끌 모아 태산이다	돌다리도 두들겨 보고 건너라

[보기] 가: 내일 발표 준비 다 했습니다.
나: 돌다리도 두들겨 보고 건너라고 했으니까 빠진 것이 없는지 다시 한번 확인해 보세요.

(1) 가: 제가 혼자 해도 되는데 이렇게 도와 주셔서 감사합니다.
나: ____________________ 하잖아요. 같이 하면 좋지요.

(2) 가: 다음 달에 해외여행 간다면서요? 돈이 없다고 하지 않았어요?
나: 매달 조금씩 저축을 했는데 그게 모이니까 꽤 되더라고요.
____________________ 말이 정말 맞는 것 같아요.

(3) 가: 아, 정상까지 가려면 한참 걸리겠네요.
나: ____________________ 하잖아요. 자! 올라가 봅시다.

문법1

-다더니

다른 사람에게서 들은 내용에 대해 사실을 다시 확인하거나 반대되는 상황을 이야기할 때 사용한다.

Sử dụng khi xác nhận lại sự thật về nội dung đã nghe được từ người khác hoặc nói về tình huống ngược lại.

- 가: 그동안 신제품 개발하느라고 고생 정말 많았어요.
  나: 네. 고생 끝에 낙이 온다더니 이렇게 신제품이 나와서 정말 기뻐요.
- 가: 내일 회의 준비로 바쁘다더니 일찍 퇴근하네요.
  나: 네. 내일 회의가 다음 주로 일정이 변경이 되었거든요.
- 준비 많이 안 했다더니 이 많은 음식은 다 뭐예요?
- 날씨가 점점 더워질 거라더니 정말 덥네요.

동사	받침 ○	-는다더니	먹는다더니, 듣는다더니, 읽는다더니, 닫는다더니
	받침 × ㄹ 받침	-ㄴ다더니	간다더니, 마신다더니, 배운다더니, 좋아한다더니, *산다더니, *만든다더니
형용사		-다더니	좋다더니, 많다더니, 예쁘다더니, 있다더니,
이다		-(이)라더니	의사라더니, 회사원이라더니, 부장이라더니
받침 ○		-으라더니	먹으라더니, 읽으라더니, 있으라더니, 들으라더니
받침 × ㄹ 받침		-라더니	가라더니, 주라더니, 마시라더니, 전달하라더니, 살라더니, 만들라더니, (하지) 말라더니
받침 O		-자더니	먹자더니, 읽자더니, 있자더니, 만들자더니,
받침 X			가자더니, 보자더니, 보내자더니, 운동하자더니,
동사		-(느)냐더니	가(느)냐더니, 먹(느)냐더니, 공부하(느)냐더니, *사(느)냐더니
형용사		-(으)냐더니	좋(으)냐더니, 예쁘냐더니, 아프냐더니, *더우냐더니,
이다		-(이)냐더디	의사냐더니, 회사원이냐더니, 부장이냐더니

문법 연습1

1. [보기]와 같이 쓰세요.

[보기] 투안 : "내일까지 보고서 작성을 못할 것 같아요"
→ 투안 씨가 보고서 작성을 못할 것 같다더니 벌써 과장님한테 제출했어요.

(1) 기태 : "저는 술을 잘 못 마셔요."

→ ____________________.

(2) 일기예보 : "오후부터 비가 내리겠습니다."

→ ____________________.

(3) 짱 : "회의 시간에 늦지 마세요."

→ ____________________.

(4) 유미 : "이따가 저하고 같이 퇴근해요."

→ ____________________.

2. [보기]와 같이 쓰세요.

[보기] 가: 투안 씨가 하루 종일 웃고 다니던데 무슨 일이 있는지 알아요?
나: 이번에 거래처와 큰 계약을 한다더니 오늘 계약을 했나 봐요.

(1) 가: 이번에 새로 나온 영화 봤어요?
나: 네. ____________________.

(2) 가: 우리 팀의 투안 씨가 엑셀을 그렇게 잘하는지 미처 몰랐어요.
나: ____________________.

(3) 가: 오늘 일기예보 봤어요? 이제 여름이 시작되나 봐요.
나: ____________________.

(4) 가: 현주 씨가 베트남어를 잘한다고 하던데 들어 봤어요?
나: ____________________.

문법2

-(으)ㄹ걸

(동사에 붙어) 자기가 한 일이나 하지 않은 일에 대해 후회나 아쉬움을 나타낼 때 사용한다. '을 걸 그랬다' 형태로도 쓰인다.

(gắn vào động từ) dùng khi thể hiện sự hối hận hoặc tiếc nuối về việc mình đã làm hoặc đã không làm việc gì đó. Nó còn được dùng với hình thái '-을걸 그랬다'- giá mà .... thì.....

- 가: 지난번에 잘 확인했으면 이런 일이 없었을 거야.
  나: 맞아. 내가 좀 더 신경을 쓸걸.
- 가: 이렇게 운동을 하니까 좋네요.
  나: 맞아요. 운동을 빨리 시작할 걸 그랬어요.
- 제가 좀 더 투안 씨 입장에서 생각해 볼 걸 그랬어요.
- 아! 이럴 줄 알았으면 시험공부를 열심히 할걸.

받침 ○	-을걸	먹을걸, 읽을걸, 잡을걸, *들을걸
받침 ×	-ㄹ걸	갈걸, 마실걸, 배울걸, 계약할걸, *살걸, *만들걸
ㄹ받침		

★ 문장의 주어는 1인칭만 쓰인다.

- 열심히 공부할걸.(○)
- 철수가 열심히 공부할걸.(×)

★ 문장의 마지막 억양이 내려감에 주의해야 한다.

- 아침을 먹을걸.(↘)

문법 연습2

1. [보기]와 같이 쓰세요.

[보기] 어제 TV를 보다가 늦게 자서 피곤해요. (자다)
→ 어제 일찍 잘 걸 그랬어요.

(1) 투안 씨가 제 비밀을 말하고 다녀서 속상해요. (말하다)

→ ______________________.

(2) 고민하다가 그냥 나왔는데 비가 오네요. (우산을 가지고 오다)

→ ______________________.

(3) 체력이 부족해서 요즘 쉽게 지치는 것 같아요. (운동을 하다)

→ ______________________.

(4) 어제 회식 때 무리를 한 것 같아요. (술을 마시다)

→ ______________________.

2. [보기]와 같이 쓰세요.

[보기] 가: 기획안 발표는 잘 했어요?
나: 아니요. 발표 준비를 좀 더 확실하게 할 걸 그랬어요.

(1) 가: 새로 배우기 시작한 수영은 어때요? 재미있어요?
나: 네. 이렇게 재미있는 줄 알았으면 ______________________.

(2) 가: 왜 동창회에 안 왔어? 정말 재미있었는데….
나: 정말? ______________________.

(3) 가: 새로 바꾼 거래처가 이전 거래처보다 일 처리가 늦네요.
나: 맞아요. ______________________.

(4) 가: 우리 아무래도 약속 시간에 도착하기 어렵겠는데….
나: ______________________.

대화

정세아: 투안 대리, 고생 많았죠? 고생 끝에 낙이 온다더니 드디어 신제품이 나오네요.

투 안: 네, 이렇게 신제품이 나오는 걸 보니 그동안 힘들었던 게 눈 녹듯이 사라지는 것 같아요.

정세아: 그동안 까칠하게 굴어서 미안해요. 고생이 많았을 텐데…. 내가 말을 심하게 한 적이 많았죠? 조금 더 투안 대리 입장에서 생각해 볼 걸 그랬네요.

투 안: 아니에요. 저도 제 생각만 하느라 영업팀에 신경을 못 썼어요. 정 대리님이 해 주신 말을 듣고 저를 다시 돌아보게 되는 계기가 됐어요.

정세아: 그렇게 생각해 주니 고마워요. 맡은 일도 잘 해내고 마음까지 넓고 투안 대리는 정말 좋은 사람이에요.

투 안: 비행기 태우지 마세요. 우리 회사에서 일 잘하기로는 정 대리님이 둘째 가라면 서러울 정도잖아요. 영업팀에서 정 대리님께 얼마나 많이 배웠는데요.

정세아: 고마워요. 우리 그동안 서로 마음 상하는 일이 있었다면 훌훌 털어 버리고 앞으로도 잘 지내 봐요.

투 안: 네, 정 대리님. 앞으로도 잘 부탁드립니다.

- 눈 녹듯 사라지다
- 까칠하다
- 굴다
- 입장
- 계기
- 비행기 태우다
- 둘째 가라면 서럽다
- 훌훌

- '고생 끝에 낙이 온다'는 무슨 뜻입니까?
- 두 사람이 서로에게 미안하게 생각하는 것은 무엇입니까?

22 모르는 사람이 없을 정도라고 합니다

1. 사람들이 지금 무엇을 하고 있습니까?
2. 여러분이 방송에 출연을 한다면 어떨 것 같습니까?

학습 목표

- 주제: 언론사와의 인터뷰
- 어휘: 성공 요인
- 문법: 와/과 다르게/달리, -(으)ㄹ 정도로

어휘

성공 요인

요구를 파악하다	시장을 잘 알다
기술력이 좋다	성능이 뛰어나다
작동이 편리하다	가격이 적절하다
고객 맞춤화 전략	대내외 신뢰 구축

- 신제품 개발을 위해 먼저 소비자들의 **요구를 파악하는 것**이 중요하다.
- 베한전자는 **기술력이 좋아** 업계에서 인정을 받고 있다.
- **시장을 잘 알아야** 새로운 판로를 개척할 수 있다.
- 새로 출시된 신제품은 **성능이 뛰어나** 사람들의 주목을 받고 있다.
- 터치스크린을 적용한 신제품은 **작동이 편리해서** 시장의 좋은 반응을 얻고 있다.

- 판로
- 개척하다
- 터치스크린
- 대내외
- 신뢰 구축
- 고객 맞춤화

- 이번에 출시된 제품은 성능도 좋고 **가격도 적절해서** 시장에서 큰 인기를 끌고 있다.
- 베한전자는 **대내외 신뢰 구축**을 바탕으로 베트남에서 성장할 수 있었다.
- 현지의 요구를 반영하는 **고객 맞춤화 전략**이 큰 성공을 거두었다.

어휘 연습

1. [보기]와 같이 알맞은 말을 골라 쓰세요.

요구를 파악하다	시장을 잘 알다	기술력이 좋다
성능이 뛰어나다	작동이 편리하다	가격이 적절하다

[보기] 가: 다양한 고객들의 요구를 어떻게 반영하면 좋을까요?
나: 요구분석을 통한 고객 맞춤화 전략을 사용해야 한다고 생각합니다.

(1) 가: 신제품을 개발하기 위해 먼저 필요한 것은 무엇입니까?
나: 먼저 고객들의 다양한 ________ 한다고 생각합니다.

(2) 가: 신제품의 장점은 무엇입니까?
나: 누구나 ________ 것이 장점이라 할 수 있습니다.

(3) 가: 이번 제품의 가격이 좀 비싸게 책정된 것은 아닙니까?
나: 그렇지 않습니다. 시장에서는 이번 제품의 ________ 는 평가를 받고 있습니다.

(4) 가: 베한전자의 성공 비결이 있다면 말씀해 주시지요.
나: 무엇보다 현지 ________ 그에 따른 대응 전략을 세운 것이 주요 성공 요인이라 생각합니다.

(5) 가: 이번에 출시된 노트북은 ________ 사람들의 호평을 받고 있는 것 같습니다.
나: 네. 직접 사용해 보시면 향상된 성능을 느낄 수 있을 것입니다.

(6) 가: 베한전자는 전자 제품 시장에서 ________ 것으로 유명한데요. 그 이유가 뭐라고 생각하십니까?
나: 제 생각에는 우리 회사가 기술 개발에 지속적으로 투자하고 있기 때문이라고 생각합니다.

문법1

와/과 다르게/달리

앞의 내용과 비교하여 뒤에 다른 내용이 있음을 나타낼 때 사용한다.

Dùng khi thể hiện so sánh với nội dung ở phía trước thì thấy nội dung ở phía sau khác.

- 가: 신제품과 기존 제품의 차이는 무엇입니까?
  나: 이번 제품은 기존 제품과 다르게 제품 무게를 획기적으로 줄였습니다.
- 가: 오늘은 날씨가 좀 선선한 것 같지요?
  나: 네. 어제와 달리 덥지 않아서 좋네요.
- 현지 시장은 5년 전과 다르게 매우 빠르게 변하고 있다.
- 전문가들의 우려와는 달리 경제가 빠른 속도로 회복되고 있다.

받침 ○	과 다르게/달리	기존과 다르게, 계약과 다르게, 상상과 달리
받침 ×	와 다르게/달리	어제와 다르게, 수도와 다르게, 의도와 달리

★ '-와/과 다르게/달리'가 붙은 말은 뒤에 오는 말을 꾸며주는 기능을 한다.

- 오늘 날씨는 어제와 달리 덥지 않아서 좋네요.

('어제와 달리'가 '덥지 않다'는 말을 꾸미고 있다.)

★ '-(으)ㄴ/는 것과는 다르게/달리'의 형태로도 사용할 수 있다.

- 우리가 생각한 것과는 다르게 계약이 성립되었다.
- 기존 제품이 속도가 느렸던 것과는 달리 신제품은 향상된 속도를 자랑한다.

문법 연습1

1. [보기]와 같이 쓰세요.

[보기] 신제품 / 기존 제품 / 향상된 속도를 제공하다.
→ 신제품은 기존 제품과 달리 향상된 속도를 제공합니다.

(1) 4분기 / 3분기 / 영업 실적이 성장세를 기록하다

→ ______________________.

(2) 올해 / 작년 / 비가 적게 오는 것 같다

→ ______________________.

(3) 투안 / 우리의 걱정 / 계약을 따내다

→ ______________________.

(4) 신형 모델 / 구형 모델, 가벼운 무게를 자랑하다

→ ______________________.

2. [보기]와 같이 쓰세요.

[보기] 가: 올해 경제 사정이 작년에 비해 좋아졌다면서요?
나: 네. 모두의 우려와 다르게 경제가 나아져서 다행이에요.

(1) 가: 미처 몰랐는데 투안 씨 취미가 클래식 감상이라면서요?
나: 네. ______________ 음악에 조예가 깊더라고요.

(2) 가: 이번에 우리 팀이 4강에 진출했다면서요?
나: 네. ______________ 8강에서 강팀을 물리쳤어요.

(3) 가: 계약과 관련에서 일은 잘 진행되고 있나요?
나: 그게, ______________ 좀 늦어지고 있습니다.

(4) 가: 요즘 사람들은 결혼에 대한 생각이 많이 다른 것 같아요.
나: 네. ______________ 결혼은 선택이라고 생각하는 사람들이 많은 것 같습니다.

문법2

-(으)ㄹ 정도로

(동사, 형용사에 붙어) 어떤 행위나 상태의 정도가 비슷함을 나타낼 때 사용한다.

(Gắn với động từ, tính từ) Dùng khi thể hiện mức độ của hành vi hay trạng thái nào đó giống nhau.

- 가: 조금 더 먹지 그래요?
  나: 아니에요. 배가 터질 정도로 많이 먹었어요.
- 가: 어제 너무 무리한 거 아니에요?
  나: 네. 앉아 있기도 힘들 정도로 피곤해요.
- 10년 사이에 우리 회사는 놀라울 정도로 발전을 했습니다.
- 이 제품은 모르는 사람이 없을 정도로 유명하다.

받침 ○	-(으)ㄹ 정도로	먹을 정도로, 웃을 정도로, 없을 정도로, *들을 정도로, *추울 정도로
받침 × ㄹ 받침	-ㄹ 정도로	갈 정도로, 마실 정도로, 쓸 정도로, *팔 정도로, *만들 정도로

★ '-(으)ㄹ 정도로'가 붙은 말은 뒤에 오는 말을 꾸며주는 기능을 한다.

Câu nói được gắn '-(으)ㄹ 정도로' (đến mức~; đến độ ~) có chức năng tô điểm thêm cho cân nói đi ngay sau nó.

- 코피가 날 정도로 시험공부를 열심히 했어요.

★ '-(으)ㄹ 정도이다'의 형태로도 많이 쓰인다.

Hình thức cấu trúc '-(으)ㄹ 정도이다' (đến mức~; đến độ ~) cũng được sử dụng nhiều.

- 너무 피곤해서 코피가 날 정도예요.
- 투안 씨의 프레젠테이션 실력은 모두가 감탄할 정도예요.

문법 연습2

1. [보기]와 같이 쓰세요.

[보기]	투안 씨가 한국어를 정말 잘 한다면서요? (한국사람) → 네, 한국사람이라고 생각할 정도로 한국어를 잘해요.

(1) 한국 음식을 처음 먹었을 때 어땠어요? (눈물이 나다)

→ ______________ 매웠어요.

(2) 신제품에 대한 시장의 반응이 좋다면서요? (모르는 사람이 없다)

→ 네. ______________ 인기가 좋다고 합니다.

(3) 오늘 고생 많이 했는데 조금 더 먹지 그래요? (배가 터지다)

→ 아니요. ______________ 많이 먹었어요.

(4) 신제품 발표회 때문에 스트레스가 많지요? (머리가 깨지다)

→ 네. 그것 때문에 요즘에 ______________ 아파요.

2. [보기]와 같이 쓰세요.

[보기]	가: 이번에 큰 계약을 했다면서요? 정말 기분이 좋겠어요. 나: 네. 하늘을 날아갈 정도로 기분이 좋아요.

(1) 가: 신제품 출시 행사는 잘 마쳤다고 합니까?

나: 네. ______________ 사람이 많았다고 합니다.

(2) 가: 우리 팀의 프엉 씨가 그렇게 노래를 잘 한다면서요.

나: 네. ______________ 노래를 잘해요.

(3) 가: 지금까지 밥도 안 먹고 일했다고요? 정말 배가 고프겠어요.

나: 네. ______________.

(4) 가: 시험 기간이라 그런지 도서관이 정말 조용하네요.

나: ______________.

대화

기 자: 시청자 여러분, 안녕하십니까? KVTV 주민정입니다. 요즘 베트남에서 베한전자 노트북을 모르는 사람이 없을 정도라고 하는데요. 베한전자 영업팀의 투안 대리를 모시고 그 이유를 들어보겠습니다. 투안 대리님, 안녕하세요? 개발하신 제품이 큰 사랑을 받아서 좋으시겠어요.

투 안: 네. 시장의 반응이 좋아서 저희도 신나게 일하고 있습니다.

기 자: 이렇게 크게 주목을 받는 이유가 무엇일까요?

투 안: 기존 제품과 달리 가벼우면서도 성능이 뛰어나기 때문이라고 생각합니다. 예전에는 성능이 좋을수록 무거웠거든요. 그런데 새 제품은 중량을 기존의 반 정도로 줄였습니다.

기 자: 저도 사용해 봤는데 한 손으로 들어도 무리가 없을 정도였습니다. 그런데 무게 말고도 크게 환영 받는 이유가 더 있을 것 같은데요.

투 안: 스마트폰과 유사하다는 점 때문입니다. 베트남 사람들은 컴퓨터보다 모바일에 더 익숙하거든요. '베한노트 N'은 스마트폰처럼 필기가 가능하고, 스마트폰으로 노트북에 접속해서 파일을 관리할 수도 있습니다.

기 자: 그렇군요. 결국 소비자의 필요를 정확히 파악하여 제품 개발에 반영한 것이 성공 요인이라고 할 수 있겠네요.

투 안: 네. 한국의 기술력과 베트남 시장의 요구가 결합하여 좋은 결과를 이끌어 낼 수 있었던 것으로 보입니다.

- 반응이 좋다
- 신나다
- 주목을 받다
- 무리가 없다
- 유사하다
- 접속하다
- 관리하다
- 요인
- 요구
- 결합하다
- 이끌어 내다

- '베한노트 N'이 시장에서 주목을 받는 이유가 무엇입니까?
- '베한노트 N'이 스마트폰과 유사한 점은 무엇입니까?

23 앞으로도 계속 발전해 갈 것입니다

1 언제 회사의 대표가 많은 사람들 앞에서 연설을 합니까?

2 연설할 때 주로 어떤 인사를 합니까?

학습 목표

- 주제: 연설
- 어휘: 사회 및 연설
- 문법: -어/아 가다/오다, -고자

어휘

사회 및 연설

내외 귀빈 여러분, 안녕하십니까? 저는 오늘 사회를 맡은 투안입니다.

먼저 이사님의 인사 말씀이 있겠습니다.

이사님이 나오실 때 모두 박수로 환영해 주시기 바랍니다.

이렇게 바쁘신 와중에도 참석하신 여러분께 진심으로 감사드립니다.

여러분들의 노고로 우리가 이렇게 성장할 수 있었습니다.

이번 모임을 빌려 여기 참석하신 모든 분들께 감사의 말씀을 전합니다.

저희 임원들은 앞으로도 변함없이 여러분을 위해 최선을 다하겠습니다.

앞으로도 변함없는 관심과 성원을 부탁드립니다.

아무쪼록 하시는 일이 만사형통하기를 빌며 인사를 마치고자 합니다.

- 귀빈
- 노고
- 성원
- 만사형통하다
- 와중에
- 변함없이
- 아무쪼록

어휘 연습

1. [보기]와 같이 알맞은 말을 골라 쓰세요.

사회　귀빈　노고　성원　만사형통

[보기] 저는 오늘 사회를 맡은 투안입니다.

(1) 하시는 일이 ＿＿＿＿＿ 하시기를 빌며 인사를 마치고자 합니다.

(2) 여러분들의 ＿＿＿＿＿ (으)로 우리가 이렇게 성장했습니다.

(3) 앞으로도 변함없는 관심과 ＿＿＿＿＿ 을/를 부탁드립니다.

(4) 내외 ＿＿＿＿＿ 여러분, 안녕하십니까?

2. [보기]와 같이 알맞은 말을 골라 쓰세요.

말씀을 전하다　환영하다　말씀이 있다
진심으로 감사드리다　최선을 다하다

[보기] 이번 모임을 빌어 여기 참석하신 모든 분들께 감사의 말씀을 전합니다.

(1) 먼저 이사님의 인사 ＿＿＿＿＿.

(2) 이사님이 나오실 때 모두 박수로 ＿＿＿＿＿.

(3) 저희 임원들은 앞으로도 여러분을 위해 ＿＿＿＿＿.

(4) 이렇게 바쁘신 와중에도 참석하신 여러분께 ＿＿＿＿＿.

-어/아 가다/오다

(동사에 붙어) 어떤 동작이나 행위의 상태가 계속 변화하거나 진행되어 감을 나타낸다.

(Gắn vào động từ) thể hiện động tác hay trạng thái của hành vi nào đó tiếp tục thay đổi hoặc đang được tiến hành.

- 가: 흐엉 씨, 연습 문제 다 풀었어요?
  나: 아직이요. 지금 거의 다 풀어 가고 있어요.
- 가: 어느새 올해도 저물어 가고 있습니다.
  나: 네. 새해가 다가 오고 있어요.
- 열심히 아르바이트를 해서 돈을 조금씩 모아 왔어요.
- 처음부터 하나씩 천천히 배워 가겠습니다.

ㅏ, ㅗ	-아 가다	닮아 가다, 끝나 가다, 모아 가다
ㅏ, ㅗ 이외	-어 가다	만들어 가다, 되어 가다, 쉬어 가다, *구워 가다
-하다	-해 가다	변화해 가다, 발전해 가다, 준비해 가다

★ 진행의 의미를 강조하여 나타내기 위해 '거의, 다, 점점, 점차'와 같은 부사가 함께 사용된다.

Để nhấn mạnh ý nghĩa của sự tiến triển thì nó được dùng cùng với các phụ từ như '거의(hầu như), 다(gần như, tất cả), 점점(dần dần), 점차(dần dần)'.

- 식사 준비가 다 되어 가요.
- 건강이 점점 회복되어 가니 다행이에요.

★ 형용사와 결합하지 않는다. 단, 형용사 뒤에 '-어지다'가 결합하면 동사가 되므로 '-어져 가다' 형태로 쓸 수 있다. '-어져 가다' 뒤에 보조사 '만'을 결합하여 그 의미를 강조할 수 있다.

Cấu trúc này không kết hợp với tính từ. Nhưng, nếu sau tính từ mà có trợ động từ '-어지다'(trở nên) thì tính từ này đã biến thành động từ, khi ấy nó sẽ có thể kể hợp. Sau '-어져 가다' có thể kết hợp thêm trợ từ '만' (chỉ) thì có thể nhấn mạnh thêm ý nghĩa đó của nó.

- 친구가 보내주는 선물이 점점 많아 간다. (×)
- 친구가 보내주는 선물이 점점 많아져 간다. (○)
- 친구가 보내주는 선물이 점점 많아져만 간다. (○)

문법 연습1

1. [보기]와 같이 쓰세요.

[보기] 가: 언제부터 이 프로젝트를 준비해 왔습니까?
나: 일 년 전부터 준비해 왔습니다.

(1) 가: 언제부터 우리 회사에서 일했어요?
나: 2015년부터 ______________________.

(2) 가: 그 회사의 화장품 판매가 오래되었나요?
나: 10년 전부터 화장품을 ______________________.

(3) 가: 회의 자료는 어떻게 되었어요?
나: 거의 다 ______________________.

(4) 가: 부모님 얼굴이 서로 닮으셨네요!
나: 오랫동안 함께 사시더니 점점 ______________________.

2. [보기]와 같이 쓰세요.

[보기] 내가 오랫동안 사용한 물건
저는 이 노트북을 2년 전부터 써 왔습니다. 2년 전에 어머니가 사 주신 선물입니다. 가볍고 편해서 지금까지 문제없이 잘 사용해 왔습니다.

(1) 내가 오랫동안 사용한 물건

(2) 오래 전부터 계속 해 온 일

(3) 옛날부터 지금까지 계속 친하게 지낸 사람

-고자

(동사나 '이다, 아니다'에 붙어) 말하는 이가 어떤 행위를 하는 목적이나 의도를 드러내기 위해 사용한다. 문어적인 표현으로 매우 격식적인 구어에 사용된다.

(gắn vào động từ hay động từ là (이다), không phải là (아니다)) dùng khi người nói muốn cho thấy mục đích hoặc ý đồ của hành vi nào đó. Là một biểu hiện có tính chất văn viết được dùng trong khẩu ngữ và mang đậm tính nghi thức.

- 그는 성공하고자 열심히 노력했다.
- 우리는 되도록 빨리 도착하고자 서둘렀다.
- 가: 취업을 앞두고 있는 대학생들에게 조언의 한 말씀 부탁드립니다.
  나: 막연히 취직을 꿈꾸지 말고 자신이 들어가고자 하는 회사를 우선 정해야 합니다.
  그리고 그 회사가 원하는 인재가 되도록 노력해 보십시오.
- 가: 오늘 강연을 해 주실 분은 한국대학교의 김민준 교수님입니다.
  나: 안녕하십니까? 좋은 부모가 되고자 '자녀 사랑 학교'에 오신 여러분을 환영합니다.

★ '-고자'는 격식적인 문어체의 느낌이 강해서 뒤 절의 어미가 '-다' 혹은 '-습니다'와의 결합이 자연스럽다. 함께 사용되는 어휘도 격식적인 문어체와 어울리는 어휘와의 결합이 우세하다.

Cấu trúc '-고자' đem lại cảm giác của văn viết có tính chất trang trọng cho nên đuôi kết thúc của vế sau nếu sử dụng '-다' hoặc '-습니다' sẽ tự nhiên hơn. Từ được dùng cùng cấu trúc này cũng là những từ phù hợp với thể loại văn viết có tính chất trang trọng.

- 우리는 일찍 도착하고자 되도록 빨리 출발했다. (○)
- 직원들은 이 일을 빨리 끝내고자 열심히 했습니다. (○)

★ 의지가 없는 주어(무생물 주어)와 결합하지 않는다.

Nó không kết hợp với chủ ngữ là đồ vật (vật vô tri vô giác)

- 비가 내리고자 날씨가 흐렸다. (×)

★ 앞 절과 뒤 절의 주어가 같거나, 주제 혹은 화제가 같아야 한다.

Chủ ngữ của vế trước và vế sau phải giống nhau hoặc chủ đề hoặc tiêu đề phải giống nhau.

- (짱 씨는) 체중을 줄이고자 (짱 씨는) 운동을 열심히 했습니다.

★ 뒤 절에 청유문이나 명령문이 올 수 없다.

Phía sau không được sử dụng câu cầu khiến hay câu mệnh lệnh.

- 시험에 합격하고자 노력하세요. (×)

문법 연습2

1. [보기]와 같이 쓰세요.

> **[보기]** 그는 실패를 이기고 성공하고자 열심히 노력했다.

(1) 저는 앞으로 좋은 직원이 ______________ 최선을 다하겠습니다.

(2) 내 동생은 그 대학에 ______________ 밤낮없이 열심히 공부했다.

(3) 최근 낮아진 취업률을 ______________ 정부에서 노력을 하고 있다.

(4) 우리 회사는 판매량을 ______________ 홍보 방안을 개선하기로 했다.

(5) 송 대리는 과장으로 ______________ 승진 시험을 준비하고 있다.

2. [보기]와 같이 쓰세요.

> **[보기]** 가: 우리 회사에 들어오고 싶은 이유가 있습니까?
> 나: 디자이너가 되어 제 꿈을 이루고자 지원했습니다.

(1) 가: 지난달 영업 실적을 보니 5% 하락했던데 대안을 말씀해 주세요.
나: 네. ______________ 영업 방법을 개선하기로 했습니다.
구체적인 내용은 다음 페이지에서 말씀드리겠습니다.

(2) 가: 이번 국제 박람회에 우리 회사도 참가할 예정입니까?
나: 네. 박람회를 통해 신제품을 ______________ 박람회에
참가하려고 합니다.

(3) 가: 신제품의 주문량이 폭발적으로 증가하고 있습니다. 현재 공장의 규모로
충분할지 걱정입니다.
나: 네. 그래서 이번에 새로운 공장 건물을 ______________
도시 외곽에 땅을 매입하였습니다.

대화

투 안: 베한전자 임직원 여러분, 안녕하십니까? 오늘 행사의 사회를 맡은 투안입니다. 지금부터 베한전자 송년회를 시작하겠습니다. 먼저 대표이사님의 송년사가 있겠습니다. 모두들 박수로 환영해 주시기 바랍니다.

베한전자 대표: 베한전자 가족 여러분, 안녕하십니까? 어느덧 올 한 해도 저물어 가고 있습니다. 지난 한 해 동안 수고한 자기 자신과 동료에게 따뜻한 박수를 보내 주시면 좋겠습니다. 오늘 저는 여러분께 좋은 소식을 전할 수 있어 무척 기쁩니다. 우리가 개발한 신제품이 시장에서 폭발적인 반응을 이끌어 내고 있습니다. 그 결과, 회사 매출이 전년 대비 이십 퍼센트나 상승했습니다. 이는 베한전자 설립 이후 최고 수준의 성장입니다. 또한 신제품을 위해 제작한 광고가 '올해의 광고상'을 수상하였습니다. 즉, 우리 베한전자는 이번 신제품 개발을 통해 매출 증대와 인지도 상승이라는 두 마리 토끼를 한꺼번에 잡은 것입니다. 이 모든 것은 그동안 땀 흘려 온 임직원 여러분 덕분입니다. 여러분의 수고에 감사하는 마음을 표현하고자 오늘 이 자리를 마련했습니다. 맛있는 음식도 드시고, 동료들과 못다 한 이야기도 나누시면서 한 해를 즐겁게 마무리하셨으면 합니다. 그동안 우리는 어려움 속에서도 서로를 믿으면서 함께해 왔습니다. 앞으로도 베한전자는 지금까지 해 온 것처럼 끊임없이 발전해 갈 것입니다. 오늘은 우리 모두의 날입니다. 마음껏 즐기시기를 바랍니다.

- 송년회
- 송년사
- 어느덧
- 올 한 해
- 저물다
- 박수를 보내다
- 폭발적이다
- 반응
- 이끌어 내다
- 매출
- 전년 대비
- 상승하다
- 이후
- 수준
- 제작하다
- 수상하다
- 매출 증대
- 인지도 상승
- 두 마리 토끼를 잡다
- 못다
- 끊임없이
- 마음껏
- 즐기다

• 오늘은 무엇을 하는 날입니까?

• 베한전자는 올해 어떻게 발전했습니까?

24 아무래도 둘이 사귀는 모양이에요

1 사람들이 무엇을 하고 있습니까?

2 요즘 관심을 가지고 있는 이야기는 무엇입니까?

학습 목표

- 주제: 연애
- 어휘: 소문
- 문법: -대서, -(으)ㄴ/는 모양이다

어휘

소문

"그 얘기 들었어요?" "이상한 이야기가 돌고 있어요." "벌써 소문이 쫙 퍼졌어요." "모르는 사람이 없을 정도예요." "소문이 자자하더라고요." "저도 처음에는 안 믿었죠." "그 소문이 사실이래요."	"설마, 그럴 리가요." "말도 안 돼요. 그럴 리가 없어요." "세상에, 어떻게 그런 일이⋯." "어쩐지, 이상하더라고요." "내가 그럴 줄 알았어요." "누가 그런 이야기를 퍼뜨렸어요?" "그게 뭐 큰일인가요?"

- 가: **그 얘기 들었어요?** 하 대리가 곧 과장으로 발령 날 거래요.
  나: **설마요**. 하 대리는 아직 대리가 된 지도 얼마 안 됐잖아요.
- 가: T 회사가 B 회사에 넘어갔다면서요?
  나: **세상에, 어떻게 그런 일이⋯.**
  가: 얼마 전부터 돌던 **그 소문이 사실이래요**.
- 가: 장 과장이 회삿돈을 빼돌렸대요.
  나: **말도 안 돼요**. 장 과장님이 얼마나 좋은 분이신데요.
  가: 저도 처음에는 안 믿었죠. 하지만 **벌써 소문이 쫙 퍼졌어요**.
  나: 헛소문일 거예요. 장 과장님이 **그럴 리가 없어요**.
- 가: 황 씨와 마이 씨가 사귄다는 **소문이 자자해요**.
  나: **그게 뭐 큰일인가요**? 젊은 남녀가 연애할 수도 있죠.

- 발령이 나다
- 넘어가다
- 회삿돈
- 빼돌리다
- 헛소문

어휘 연습

1. [보기]에서 알맞은 말을 골라 쓰세요.

[보기]	퍼졌어요	그럴 리가 없어요	사실이래요	어쩐지

(1) 가: 황 씨와 마이 씨가 사귄대요.
　　나: ______…. 이상하더라고요. 축하할 일이네요.

(2) 가: 하 씨가 회삿돈을 자기 마음대로 썼대요.
　　나; 저도 들었어요. 벌써 회사에 소문이 쫙 ______.

(3) 가: 김 과장님이 사직서를 제출하셨대요.
　　나: 어? ______. 어제도 과장님과 하반기 실적을 위한 회의를 했는데요.

(4) 가: C사가 H사와 합친다는 소문이 ______.
　　나: 결국 그렇게 됐군요.

2. [보기]의 상황에서 주고받을 수 있는 대화를 만들고 이야기해 보세요.

[보기]

(1) A 대리가 곧 과장으로 승진할 거라고 한다.

(2) 새로 들어온 신입 사원 A가 사장의 친척이라는 소문이 돌고 있다.

(3) A가 큰돈을 받고 경쟁사로 이직을 할 거라고 한다.

(4) A와 B가 사귄다고 한다. 우리 회사는 사내 연애를 숨기는 분위기다.

문법1

-대서

'-다고 해서'가 줄어든 말로 다른 사람에게 들은 내용을 근거로 다음 말을 이어갈 때 사용한다.

Đây là cấu trúc ngữ pháp rút gọn của cấu trúc '-다고 해서' dùng khi muống thể hiện lấy căn cứ từ nội dung nghe được từ người khác để nói tiếp lời nói phía sau.

- 가: 병원에 간다고요? 어디 아파요?
  나: 아픈 건 아니고요. 아버지가 검사를 받으신대서 모시고 가려고요.
- 가: 아직 안 잤어? 너무 늦었는데.
  나: 이번 시험이 어렵대서 밤을 새워야 할 것 같아.
- 오후부터 비가 온대서 우산을 챙겼다.
- 종이가 떨어졌대서 비품실에 다녀왔어요.

동사	받침 O	-는대서	먹는대서, 읽는대서, 듣는대서
	받침 X	-ㄴ대서	간대서, 준대서, 마신대서, *만든대서
	ㄹ 받침		
형용사	받침 O	-대서	좋대서, 무겁대서, 있대서, 바쁘대서, 다르대서
	받침 X		
명사	받침 O	(이)래서	친구래서, 시험이래서
	받침 X		

★ '-냐고 해서', '-자고 해서', '-(으)라고 해서'를 각각 줄여서 '-내서', '-재서', '-래서'로 나타낸다.

Các cấu trúc '-내서', '-재서', '-래서' là cấu trúc rút gọn của những cấu trúc như: '-냐고 해서', '-자고 해서', '-(으)라고 해서'

- 나이가 몇 살이내서 비밀이라고 했어요.
- 시장 조사를 같이 하재서 알겠다고 말했어요.
- 고객에게는 웃으면서 인사하래서 거울은 보면서 웃는 연습을 한다.
- 신입 사원이 일을 좀 가르쳐 달래서 점심시간에 보자고 했다.
- 여름에는 해산물을 먹지 말래서 그릇에 초밥을 담지 않았다.

문법 연습1

1. [보기]와 같이 쓰세요.

> **[보기]** 어머니가 "허리가 아프네."라고 하세요. 병원에 모시고 가려고 해요.
> → 어머니가 아프시대서 병원에 모시고 가려고 해요.

(1) 하 씨가 "주말에 이사해요."라고 해요. 저는 도와주러 갈 거예요.
→ 하 씨가 주말에 ______ 도와주러 갈 거예요.

(2) 지점에서 "불만 사항이 계속 접수되고 있습니다."라고 한다. 이유를 조사 중이다.
→ 불만 사항이 계속 ______ 이유를 조사 중이다.

(3) 공항 안내 방송에서 "태풍으로 모든 비행기 운행이 지연되고 있습니다."라고 한다. 회의 시간을 미룰 수밖에 없다.
→ 비행기 운행이 ______ 회의 시간을 미룰 수밖에 없다.

(4) 팀원들이 "사무 용품이 다 떨어졌어요."라고 해요. 구입 목록을 작성하고 있어요.
→ 사무 용품이 ______ 구입 목록을 작성하고 있어요.

2. [보기]와 같이 쓰세요.

> **[보기]** 가: 수미 씨, 왜 고기를 안 먹어요?
> 나: 병원에 갔는데 당분간 고기를 먹지 말래서 요즘 채소만 먹어요.

(1) 가: 마이 씨, 왜 사무실에 있어요? 투안 대리하고 같이 시장조사 나가기로 한 거 아니에요?
나: 투안 대리님이 혼자 ______ 저는 인터넷 조사하고 있어요.

(2) 가: 요즘 이상한 소문이 돌던데요. 우리 회사가 L사와 합칠 거라면서요?
나: 저도 들었는데, 김 과장님이 말도 안 ______ 헛소문이라고 생각하고 있어요.

문법2

-(으)ㄴ/는 모양이다

(동사나 형용사에 붙어) 다른 사실이나 상황으로 보아 현재 어떤 일이 일어났거나 어떤 상태라고 추측함을 나타낸다.

(Gắn với động từ hoặc tính từ) thể hiện việc nhìn sự thật hoặc tình huống khác mà dự đoán việc hay trạng thái nào đó xảy ra ở thời hiện tại.

- 가: 저기, 김 과장님 안 계세요?
  나: 웃옷이 없는 걸 보니 부장님 뵈러 가신 모양이에요.
- 가: 김 대리 봤어요? 오늘 하루 종일 싱글벙글 웃고 있네요.
  나: 뭔가 좋은 일이 있는 모양이에요.
- 옷이 잔뜩 젖은 걸 보니 비가 많이 내리는 모양이네요.
- 사람들이 저렇게 많은 걸 보니까 음식이 꽤 맛있는 모양이야.

<table>
<tr><td rowspan="5">현재</td><td rowspan="2">동사</td><td>받침 ○</td><td rowspan="2">-는 모양이다</td><td rowspan="2">먹는 모양이다, 읽는 모양이다,
있는 모양이다, *노는 모양이다</td></tr>
<tr><td>받침 ×</td></tr>
<tr><td rowspan="3">형용사</td><td>받침 ○</td><td>-은 모양이다</td><td>좋은 모양이다, 높은 모양이다,
*더운 모양이다, *그런 모양이다</td></tr>
<tr><td>받침 ×</td><td rowspan="2">-ㄴ 모양이다</td><td rowspan="2">예쁜 모양이다, 아픈 모양이다,
슬픈 모양이다, *먼 모양이다</td></tr>
<tr><td>ㄹ 받침</td></tr>
<tr><td rowspan="3">과거</td><td rowspan="3">동사</td><td>받침 ○</td><td>-은 모양이다</td><td>먹은 모양이다, 읽은 모양이다,
잡은 모양이다, *들은 모양이다</td></tr>
<tr><td>받침 ×</td><td rowspan="2">-ㄴ 모양이다</td><td rowspan="2">간 모양이다, 온 모양이다,
*만든 모양이다, *논 모양이다</td></tr>
<tr><td>ㄹ 받침</td></tr>
</table>

★ 앞으로 일어날 일을 추측할 때는 '-(으)ㄹ 모양이다'를 사용한다.

Khi muốn dự đoán việc sắp xảy ra thì dùng '-(으)ㄹ 모양이다'.

- (아이가) 이렇게 잘 먹는 것을 보니까 앞으로 키가 많이 클 모양이다.
- 민 씨가 멋있게 입은 걸 보니 오늘 여자 친구를 만날 모양이다.

★ 큰 의미 차이 없이 '-(으)ㄴ가 보다', '-나 보다'와 바꿔 쓸 수 있다.

Có thể thay thế với những cấu trúc có ý nghĩa gần giống như: '-(으)ㄴ가 보다', '-나 보다'.

- 땅이 젖은 걸 보니 비가 왔나 봐요. / 비가 온 모양이에요.
- 사람들이 우산을 쓰고 다니는 걸 보니 비가 오나 봐요. / 비가 오는 모양이에요.

문법 연습2

1. [보기]와 같이 연결하고 문장을 쓰세요.

[보기] 식당에 사람이 아주 많다	•	• 조사할 게 많다
(1) 소방차가 달려가고 있다	•	• 음식이 맵다
(2) 친구의 옷이 많이 젖었다	•	• 불이 나다
(3) 황 씨가 조용하고 힘이 없다	•	• 비가 세차게 내리다
(4) 친구가 식사하면서 물을 자꾸 마시다	•	• 음식이 맛있다
(5) 책상 위에 책이 가득 쌓여 있다	•	• 어디가 아프다

[보기] 식당에 사람이 많은 걸 보니 음식이 맛있는 모양이에요.

(1) ______________________________.

(2) ______________________________.

(3) ______________________________.

(4) ______________________________.

(5) ______________________________.

대화

투 안: 음악에 맞춰서 신나게 춤을 추고 나니 스트레스가 풀리네요.

이유미: 그러고 보니 대리님, 동호회 활동은 오랜만이죠?

투 안: 네. 몇 달 동안 제품 출시에만 집중하느라고 일만 했는데 이제 한숨 돌릴 수 있게 됐어요.

이유미: 정말 수고 많으셨어요. 그런데 대리님, 저기 기태 씨하고 짱 씨 좀 보세요. 뭔가 달라진 것 같지 않아요?

투 안: 기태 씨하고 짱 씨요? 음, 춤 실력이 좋아진 것 같은데요.

이유미: 그거 말고요. 요즘 두 사람이 함께 다니는 걸 자주 보거든요. 밥도 같이 먹고 퇴근도 같이 하고요. 아무래도 둘이 사귀는 모양이에요.

투 안: 에이, 둘은 원래 친했잖아요. 같은 팀이니까 단짝 같은 거죠, 뭐.

이유미: 처음엔 저도 그렇게 생각했어요. 그런데 사람들이 둘이 사귀는 것 같대서 유심히 살펴봤더니 정말 달라졌더라고요. 웃음이 많지 않은 짱 씨가 요즘 들어 부쩍 잘 웃고, 또 기태 씨는 항상 짱 씨를 사랑스럽게 바라보고···. 저것 좀 보세요. 지금도 그러잖아요. 소문이 사실이라니까요.

투 안: 음, 그런가요? 나는 잘 모르겠는데···.

- 한숨 돌리다
- 아무래도
- 원래
- 단짝
- 유심히
- 살펴보다
- 요즘 들어
- 부쩍
- 사랑스럽다
- 바라보다

- 두 사람은 어디에 있습니까?
- 여자는 남자에게 무슨 이야기를 하고 있습니까?

25

바쁘시더라도 오셔서 축하해 주시면 감사하겠습니다

1 사람들이 지금 무엇을 하고 있습니까?

2 한국과 베트남의 결혼 문화에 대해서 이야기해 봅시다.

학습 목표

- 주제: 결혼식
- 어휘: 결혼
- 문법: -더라도, -(으)ㄴ/는 만큼

어휘

결혼

상견례	궁합	혼수	예물/예단
함	청첩장	축의금	혼인 서약
주례	하객	폐백	이바지 음식

- 기태 씨는 **상견례**를 할 장소를 찾고 있다. 양가 부모님이 처음 인사하는 자리라서 분위기가 좋아야 한다.
- 어머니는 **궁합**을 보러 가서 우리가 평생 서로를 도우며 잘 살 거라는 이야기를 듣고 기뻐하셨다.
- 결혼식이 많은 봄철을 맞아 예비부부를 위한 **혼수** 가전 박람회를 열기로 했다.
- 요즘에는 결혼 전에 신랑과 신부가 주고받는 **예물**이나 **예단**을 생략하는 사람들이 많아졌다.
- 누나의 결혼식을 앞두고 매형 친구들이 **함**을 메고 집으로 왔다.
- 결혼식 한 달 전에 사무실 사람들에게 **청첩장**을 돌렸다.
- 우리는 **축의금** 봉투에 결혼을 축하한다는 문구를 적었다.
- 신랑과 신부는 검은 머리가 파뿌리 될 때까지 서로를 사랑하겠다는 **혼인 서약**을 했다.
- 신부가 입장할 때 모든 **하객**들이 일어나 박수를 치며 신부를 바라보았다.
- 혼례가 끝나고 부모님과 가까운 친척들께 **폐백**을 드렸다.
- 딸이 신혼여행에서 돌아오자 어머니는 **이바지 음식** 준비를 서둘렀다.

- 양가
- 분위기가 좋다
- 가전 박람회
- 매형
- 검은 머리가 파뿌리가 되다
- 생략하다
- 서두르다

어휘 연습

1. [보기]에서 알맞은 말을 골라 쓰세요.

[보기]	상견례　청첩장　축의금　혼수

(1) ________ 결혼할 남녀의 부모나 가족이 처음 만나 서로 인사하는 일

(2) ________ 축하하기 위해 내는 돈

(3) ________ 결혼식 등에 남을 초청하는 글을 적은 카드

(4) ________ 결혼할 때 필요한 물품

2. 한국의 결혼식 이야기입니다. 맞으면 O, 틀리면 X 하세요.

(1) 예비부부는 예물을 금반지로 맞췄다. (O , X)

(2) 신랑과 신부는 결혼식에 참석해 주신 여러 주례들에게 감사 인사를 드렸다. (O , X)

(3) 결혼식이 끝난 후, 신랑과 신부는 한복으로 갈아입고 집안 어른들께 폐백을 드렸다. (O , X)

(4) 예전에는 점집에 가서 함을 보고 결과가 안 좋으면 헤어지기도 했다. (O , X)

-더라도

(동사나 형용사, '이다, 아니다'에 붙어) 앞 절의 내용을 가정하거나 인정하지만 뒤의 내용에는 관계가 없거나 영향을 끼치지 않음을 나타낼 때 사용한다. 앞 절의 내용에서 예상하는 바가 뒤 절에서 부정됨을 나타낸다.

(Gắn với động từ hoặc tính từ, 'có (이다), không (아니다)') Dùng khi muốn thể hiện mặc dù giả định hoặc công nhận nội dụng ở vế trước nhưng nó chẳng có quan hệ hay ảnh hưởng gì đến nội dung ở phía sau.

- 가: 만일 부모님이 결혼을 반대하시면 어떻게 할 거예요?
  나: 부모님이 반대하시더라도 저는 꼭 이 사람과 결혼할 거예요.
- 가: 요즘 한국어 공부가 점점 더 힘들게 느껴져요.
  나: 저도 그래요. 그렇지만 아무리 어렵더라도 끝까지 공부해 볼 거예요.
- 내일 비가 오더라도 체육대회는 예정대로 진행합니다.
- 아무리 돈이 많더라도 그렇게 돈을 낭비하면 안 된다.

★ 부사 '아무리', '비록'과 함께 쓰여 '-더라도'의 의미를 강조한다.

- 아무리 화가 나더라도 폭력을 쓰면 안 된다.
- 비록 우승하지 못하더라도 많은 것을 배울 수 있을 것이다.

문법 연습1

1. [보기]와 같이 쓰세요.

> **[보기]** 결혼 생활 / 힘든 일이 있다 / 이겨내다
> → 결혼 생활에 힘든 일이 있더라도 이겨낼 거예요.

(1) 고향 / 돌아가다 / 연락하다

→ ________________.

(2) 유학 생활 / 어렵다 / 포기하지 않다

→ ________________.

(3) 친구 결혼식 / 바쁘다 / 꼭 참석하다

→ ________________.

(4) 신제품 개발 / 오래 걸리다 / 반드시 성공하다

→ ________________.

2. [보기]와 같이 쓰세요.

> **[보기]** 가: 다이어트를 시작하려고 하는데 주의해야 할 점이 있을까요?
> 나: 다이어트를 하더라도 식사는 제대로 하세요.

(1) 가: 오늘 저녁에 회식까지 참석하면 많이 피곤할 것 같아요.

나: ________________.

(2) 가: 집안일은 대신할 로봇이 곧 개발될 거래요.

나: ________________.

(3) 가: 앞으로 살아가면서 힘든 일들이 많이 있겠지요?

나: ________________.

(4) 가: 아, 정말 투안 씨 때문에 화가 나서 못 참겠어요.

나: ________________.

문법2

-(으)ㄴ/는 만큼

(동사, 형용사에 붙어) 수량이나 척도가 어느 정도인지 묘사하여 나타낼 때 주로 사용하여, 뒤 절을 꾸미는 부사어 역할을 한다.

(Gắn vào động từ, tính từ) chủ yếu được dùng khi miêu tả số lượng hay chiều dài và nó có vai trò của một trạng ngữ bổ nghĩa cho vế sau.

- 가: 우리 신제품 개발은 잘될까요?
  나: 모두가 힘을 합쳐 노력하고 있는 만큼 분명 성공할 거예요.
- 가: 내일이 시험이라서 너무 떨려요.
  나: 걱정하지 마세요. 열심히 준비한 만큼 잘할 수 있을 거예요.
- 나도 네가 먹는 만큼은 먹을 수 있어.
- 베트남이 여름에 더운 만큼 한국도 덥다.

동사	받침 ○	-는 만큼	먹는 만큼, 읽는 만큼, 좋아하는 만큼, *사는 만큼,
	받침 ×		
형용사	받침 ○	-은 만큼	좋은 만큼, 많은 만큼, *추운 만큼, *어려운 만큼
	받침 ×	-ㄴ 만큼	예쁜 만큼, 아픈 만큼, 친절한 만큼, *먼 만큼
	ㄹ 받침		

★ 과거의 경우에는 '동사+-(으)ㄴ 만큼'의 형태로 쓴다.

Trường hợp là thì quá khứ thì sẽ được dùng dưới dạng 'động từ +-(으)ㄴ 만큼 (đến mức)'.

- 투안이 일한 만큼 나도 열심히 했어. (○)
- 투안이 노력하겠는 만큼 나도 노력할 거야. (×)

★ '명사+만큼'으로 명사와 함께 쓰여 수량이나 척도가 앞 말과 비슷한 정도임을 나타낼 수 있다. 이 때 '만큼'은 조사로 명사에 붙여 쓴다.

'danh từ + 만큼 (đến mức)': dùng với danh từ thể hiện số lượng hoặc độ dài giống với số lượng hoặc đồ dài ở câu nói trước. Khi ấy, '만큼' được dùng như một trợ từ gắn với danh từ.

- 나도 투안 씨만큼 한국어를 잘하고 싶어요.
- 노력만큼 확실한 성공의 방법은 없다.

문법 연습2

1. [보기]와 같이 쓰세요.

[보기] 월급 / 받다 / 열심히 일하다
→ 월급을 받는 만큼 열심히 일해야 한다.

(1) 집 / 멀다 / 일찍 출발하다

→ ______________________.

(2) 오랜만에 / 신제품이 나오다 / 기대가 되다

→ ______________________.

(3) 직원들 / 나를 믿다 / 맡은 일에 최선을 다하다

→ ______________________.

(4) 한국어능력시험 / 열심히 준비하다 / 좋은 결과가 있다

→ ______________________.

2. [보기]와 같이 쓰세요.

[보기] 가 : 앞으로 결혼 생활을 어떻게 할 거예요?
나 : 서로 사랑하는 만큼 서로를 위하면서 살겠습니다.

(1) 가 : 이번에 휴가를 길게 가기로 했다면서요?

나 : 네, 모처럼 ______________________.(쉬다)

(2) 가 : 이번 대회에서 우리 팀이 잘할 수 있을까요?

나 : 그럼요. ______________________.(연습하다)

(3) 가 : 영화는 어땠어요?

나 : ______________________.(눈물이 나다)

(4) 가 : 짱 씨가 얼마만큼 좋아요?

나 : ______________________.(하늘/땅)

대화

김영미: 어, 기태 씨. 영업팀에는 어쩐 일이세요?

박기태: 인사드릴 일이 있어서 왔습니다. 부장님, 저 장가갑니다.

김영미: 와, 축하해요. 결혼식이 언제예요?

박기태: 다음 달 이십 일입니다. 이거 청첩장입니다. 바쁘시더라도 오셔서 축하해 주시면 감사하겠습니다.

김영미: 정말 좋은 소식이네요. 기태 씨처럼 눈이 높은 사람이 반한 신부는 누군가요?

박기태: 같은 팀에서 일하는 짱 씨입니다.

투 안: 아니, 그럼 둘이 정말 사귀는 거였어요? 유미 씨 말이 맞았구나. 두 사람 언제부터 사귄 거예요?

박기태: 사실 제가 짱 씨한테 첫눈에 반해서 꽤 오랫동안 짝사랑을 해 왔어요. 그러다가 일 년 전에 짱 씨가 활동하는 동호회에 가입하면서 자연스럽게 가까워지고 사귀게 되었어요.

투 안: 그런데 왜 비밀로 했어요?

박기태: 사내 연애라서 조심스러웠거든요. 게다가 국제결혼이라서 양가의 반대가 좀 있었어요. 하지만 지금은 모두 저희를 인정하고 축복해 주십니다.

김영미: 그랬군요. 어렵게 결혼하는 만큼 더 행복하게 잘 사실 거예요. 축하합니다.

박기태: 고맙습니다.

- 기태 씨가 부장님을 찾아온 이유는 무엇입니까?
- 기태 씨와 짱 씨는 어떻게 가까워졌습니까?

베트남인을 위한

비즈니스 한국어

중급

부록

부록

1과

어휘 연습

1.

[보기]	적극적	소극적
(1)	외향적	감성적
(2)	이성적	내성적
(3)	긍정적	부정적

(외향적 — 내성적, 이성적 — 감성적, 긍정적 — 부정적)

2. (1) 대표적인 (2) 내성적인 것 같아요 (3) 적극적으로

문법 연습1

1. (1) 산 말고 바다로 가고 (2) 휴대폰 말고 노트북을
   (3) 부장님 말고 사장님도 (4) 1층 말고 2층에도

2. (1) 내일 말고 모레예요 (2) 담당자 말고 김 대리님한테 냈어요
   (3) 홍보물 말고 샘플도 보내야 돼요 (4) 배구 말고 축구도 배워요

문법 연습2

1. (1) 보고서를 쓰는 동안 모르는 게 있으면 저한테 물어보세요.
   (2) 투안 씨가 커피를 마시는 동안 저는 녹차를 마셨어요.
   (3) 프엉 씨가 설명을 듣는 동안 저는 화장실에 다녀오겠습니다.
   (4) 어젯밤에 친구들과 노는 동안 정말 즐거웠어요.

2. (1) 노래를 부르는 동안 (2) 공장을 짓는 동안
   (3) 밥을 먹는 동안 (4) 외국에서 사는 동안

2과

어휘 연습

1. (1) 협동심 (2) 구성원 (3) 협업 (4) 리더십

2. (1) 팀워크가 좋아졌어요 (2) 팀을 구성하겠네요
   (3) 팀원을

문법 연습1

1. (1) 휴게실에는 읽을 만한 잡지가 많아요.
   (2) 공원에는 구경하면서 걸을 만한 예쁜 길이 있어요.
   (3) 우리 동네에는 연극을 볼 만한 극장이 없어요.
   (4) 그 가게에는 살 만한 물건이 많지 않아요.

2. (1) 갈 만해요 (2) 볼 만해요 (3) 배울 만해요 (4) 들을 만해요

문법 연습2

1. (1) 사무실에서 찾거나 창고에 가 보세요
   (2) 돈을 주거나 청소기를 사 주려고 해요
   (3) 동료와 이야기를 나누거나 커피를 마셔요
   (4) 회의 자료를 읽거나 창고를 정리할 거예요

2. (1) 낚시나 수영을 했어요 (2) 배나 비행기를 타야 해요
   (3) 저나 김 대리님에게 물어보세요 (4) 김치찌개나 불고기를 먹어요

3과

어휘 연습

1. [보기] 최고 — 최저

   (1) 최대한 최단

   (2) 최초 최소한

   (3) 최장 최후

2. (1) 최악의 (2) 최우선 (3) 최첨단

문법 연습1

1. (1) 일을 하다가 잤어요. (2) 뛰다가 넘어졌어요.
   (3) 직진하다가 우회전 하세요. (4) 흐리다가 맑아졌어요.

2. (1) 집에 가다가 마트에 갔어요
(2) 수영을 배우다가 포기한 적이 있어요
(3) 복사를 하다가 종이에 손을 베었어요
(4) 내일은 오전에 비가 오다가 오후에 그친다고 해요

문법 연습2

1. (1) 돈을 다 써 버렸어요
(2) 헤어져 버렸어요
(3) 제 마음을 말해 버렸어요
(4) 청소를 해 버렸어요

2. (1) 배가 고파서 제가 먹어 버렸어요
(2) 어제 너무 피곤해서 자 버렸어요
(3) 비싸지만 마음에 들어서 그냥 사 버렸어요
(4) 프엉 씨가 안 와서 그냥 먼저 와 버렸어요

4과

어휘 연습

1. (1) 탑승구는
(2) 보안 검색대를
(3) 수화물은
(4) 면세점이

2. (1) 환승해야 합니다
(2) 지연되었다고 해요
(3) 이륙하는데

문법 연습1

1. (1) 침대에 눕자마자 잠이 들었어요
(2) 우산을 사자마자 비가 그쳤어요
(3) 사무실에 들어오자마자 컴퓨터를 켜요
(4) 대학을 졸업하자마자 이 회사에 입사했어요

2. (1) 퇴근하자마자 저녁을 먹었어요
   (2) 수업이 끝나자마자 친구를 만날 거예요
   (3) 끝나자마자 영화 보러 갈 거예요
   (4) 회사에 도착하자마자 커피를 마셔요

문법 연습2

1. (1) 꺼 놓으세요
   (2) 끓여 놓으세요
   (3) 장을 봐 놓았어요
   (4) 예매해 놓으세요

2. (1) 넣어 놓았습니다
   (2) 준비해 놓았습니다
   (3) 찾아 놓았습니다
   (4) 고쳐 놓았습니다

5과

어휘 연습

1. (1) 가능할까요
   (2) 꽉 찼습니다
   (3) 옮길 수 있을까요
   (4) 예약됐습니다

2. (1) 고기에 알레르기가 있어요
   (2) 조용한 자리로 준비해 주세요
   (3) 특별 메뉴가 있어요
   (4) 창가 쪽 자리로 부탁합니다

문법 연습1

1. (1) 좋아했으면 좋겠어요
   (2) 나았으면 좋겠어요
   (3) 익숙해졌으면 좋겠어요
   (4) 살았으면 좋겠어요

2. (1) 합격했으면 좋겠습니다
   (2) 구입했으면 좋겠습니다
   (3) 끝났으면 좋겠습니다
   (4) 마주쳤으면 좋겠습니다

문법 연습2

1. [보기] 우산을 챙기세요.

(1) 과장님께 가 보세요.

(2) 창문 좀 열어 주세요.

(3) 기계에 가까이 가지 마세요.

(4) 퇴근길에 장보러 가야겠어요.

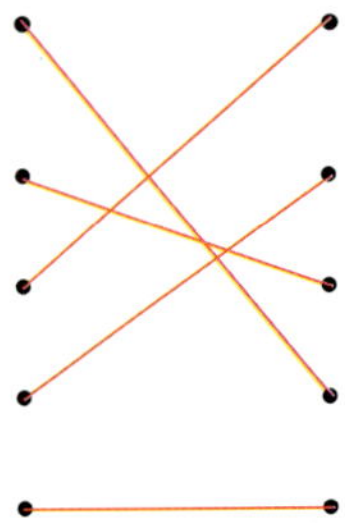

답답하다

뜨겁다

아까 찾으셨다

비가 올 것 같다

내일 손님이 오다

(1) 아까 찾으셨거든요 (2) 답답하거든요

(3) 뜨겁거든요 (4) 내일 손님이 오거든요

2. (1) 아까 간식을 먹었거든요

(2) 더워서 잘 수 없었거든요

(3) 아직 한국말이 어렵거든요

6과

어휘 연습

1. (1) 꺼졌어요 (2) 밀려서 (3) 만들어지는 (4) 쌓이면

(5) 끊겨서

2. (1) 켜져요 (2) 체결되어서 (3) 걱정되네요 (4) 시작됩니까

문법 연습1

1. (1) 눈이 쌓였어요 (2) 가방이 열렸어요

(3) 창문이 닫혔어요 (4) 전화가 끊겼어요

(5) 딸이 엄마에게 안겼어요 (6) 소리가 잘 안 들렸어요

(7) 내 우산이 다른 우산과 바뀌었어요

2. (1) 쓰인 (2) 걸린 (3) 감겨요 (4) 밝혔어요

문법 연습2

1. (1) 와 계세요 (2) 들어 있어요
   (3) 열려 있어요 (4) 잡혀 있어요

2. (1) 꽂병에 꽂혀 있어요 (2) 닫혀 있어요
   (3) 벽에 걸려 있어요 (4) 책상 위에 놓여 있어요

7과

어휘 연습

1. [보기]

— 무단 횡단

(1)

— 충돌 사고

(2)

— 추돌 사고

(3)

— 접촉 사고

2. (1) 방어 운전을
   (2) 교통사고를 당해서
   (3) 중앙선을 침범해서

문법 연습1

1. (1) 투안이 오늘 일이 많아서 바쁘대요
   (2) 기태가 매일 한 시간씩 베트남어를 공부한대요
   (3) 유미가 저기는 회의실이래요
   (4) 응옥이 어제 늦게까지 야근을 했대요
   (5) 닝껀이 오후에 거래처에서 손님이 오실 거래요
   (6) 과장님이 내일까지 보고서를 제출하래요
   (7) 주임님이 작업 시간에 휴대폰을 쓰지 말래요
   (8) 투안이 회의 자료 좀 복사해 달래요
   (9) 기태가 늦었으니까 택시를 타고 가재요
   (10) 부장님이 이 보고서를 작성한 사람이 누구내요
   (11) 짱이 주말에 시간 있을 때는 무엇을 하내요

문법 연습2

1. (1) 아무한테도 말 안 했는데 그 사람이 알 리가 없어요
   (2) 투안 씨가 술을 마셨는데 운전을 할 리가 없어요
   (3) 가방이 사무실에 있는데 집에 갔을 리가 없어요
   (4) 유미 씨는 항상 친절한데 나쁜 사람일 리가 없어요

2. (1) 그렇게 사랑하는데 헤어질 리가 없어요
   (2) 이야기가 잘 됐으니까 계약이 잘 안 될 리가 없어요
   (3) 열심히 준비했는데 승진 시험에서 떨어질 리가 없어요
   (4) 지금 한국은 봄이니까 날씨가 추울 리가 없어요

8과

어휘 연습

1. (1) 병문안 시간　　(2) 면회 수칙　　(3) 감염 예방

2. (1) 얼른 나으세요
   (2) 쾌유를 빈다고
   (3) 빨리 회복하시기 바랍니다

문법 연습1

1. **[보기]** 늦잠을 자다 • • 따뜻하게 입다
   (1) 음식이 남다 • • 말을 못 하다
   (2) 감기에 걸리다 • • 알람시계를 맞추다
   (3) 걱정하다 • • 조금만 만들다

   (1) 음식이 남을까 봐 조금만 만들었어요
   (2) 감기에 걸릴까 봐 따뜻하게 입었어요
   (3) 걱정할까 봐 말을 못 했어요

2. (1) 졸까 봐　　(2) 실수할까 봐
   (3) 들을까 봐　　(4) 마실까 봐

문법 연습2

1. (1) 떨어뜨릴 뻔했어요 (2) 내릴 뻔했어요
   (3) 놓칠 뻔했어요 (4) 울 뻔했어요

2. (1) 잃어버릴 뻔했네요 (2) 먹을 뻔했는데
   (3) 만날 뻔했네요 (4) 물어볼 뻔했어요

9과

어휘 연습

1.

[보기]	그동안 어떻게 지냈어요?	네. 잘되고 있어요.
(1)	오랜만이에요.	잘 지냈어요. 마이 씨는요?
(2)	요즘 어떻게 지내요?	그러게요. 어떻게 지내셨어요?
(3)	하는 일은 잘돼 가요?	바빠서 정신이 없어요.

2. (1) 잘 지냈어요 (2) 그저 그랬어요
   (3) 한가해요 (4) 오랜만이에요

문법 연습1

1. (1) 이 노래가 유행이라면서요 (2) 아잉 씨가 아프다면서요
   (3) 하 씨가 영어를 잘한다면서요 (4) 회의가 취소됐다면서요

2. (1) 오늘 야근이라면서요 (2) 한국에 갔다 왔다면서요
   (3) 승진 시험이 어렵다면서요 (4) 중요한 손님이 방문하신다면서요

문법 연습2

1. (1) 유미야
   (2) 영화를 봐
   (3) 택시를 탔어
   (4) 내일 갈 거야
   (5) 언제 만날까
   (6) 자료 좀 줘
   (7) 맛있게 먹어
   (8) 내 친구야
   (9) 나랑 같이 가자

2. (1) 가: 식당 전화번호가 몇 번이야
   나: 나도 잘 몰라
   (2) 가: 한국어 공부 같이 하자
   나: 그래. 언제 시작할까
   (3) 가: 수진아, 크게 말해 줘
   나: 응, 알겠어
   (4) 가: 나 좀 잠깐 나갔다 올게
   나: 그래

10과

어휘 연습

1. (1) 뛰어나서
   (2) 저렴한
   (3) 개선했다
   (4) 잘됐다

2. (1) 중량
   (2) 견고하게
   (3) 갖아서
   (4) 떨어진

문법 연습1

1. (1) 맛있다니 (2) 발표된다니
   (3) 마음에 든다니 (4) 공지가 있다니

2. (1) 오신다니 (2) 했다니
   (3) 맛있다니 (4) 아프다니

문법 연습2

1. (1) 신제품에 대해 (2) 한국 역사에 대한
   (3) 언론 보도에 대해 (4) 두 나라 시장에 대한

2. (1) 에 대한 영화를 봤어요 (2) 에 대한 뉴스예요
   (3) 회사에 대해 (4) 에 대한 이야기를

11과

어휘 연습

1. (1) 기억력 (2) 어휘력
   (3) 상상력 (4) 경쟁력

2. ②

문법 연습1

1.

[보기]	동생이 밥을 급하게 먹었다	얼굴이 부었다
(1)	민지가 라면을 먹고 잤다	생활비가 떨어졌다
(2)	수지가 열심히 공부했다	시험에 합격했다
(3)	바람이 무섭게 불었다	나무가 쓰러졌다
(4)	친구가 이것저것 많이 샀다	체했다
(5)	언니가 밤새 드라마를 봤다	눈이 빨개졌다

2. (1) 민지가 라면을 먹고 자더니 얼굴이 부었다
   (2) 수지가 공부를 열심히 하더니 시험에 합격했다
   (3) 바람이 무섭게 불더니 나무가 쓰러졌다
   (4) 친구가 이것저것 많이 사더니 생활비가 떨어졌다
   (5) 언니가 밤새 드라마를 보더니 눈이 빨개졌다

문법 연습2

1. (1) 멋있기는요 (2) 싸기는요
   (3) 대단하기는요 (4) 잘하기는요

2. (1) 맵기는요 (2) 작기는요
   (3) 바쁘기는요 (4) 별거 아니기는요

12과

어휘 연습

1. [보기]

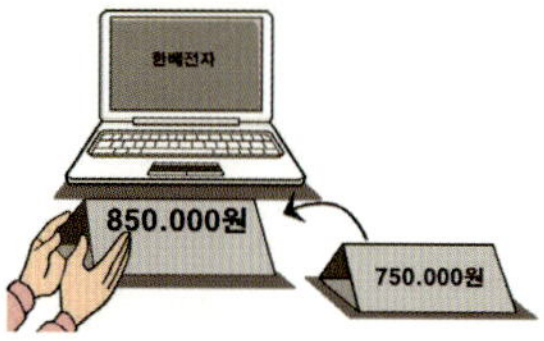

(1)

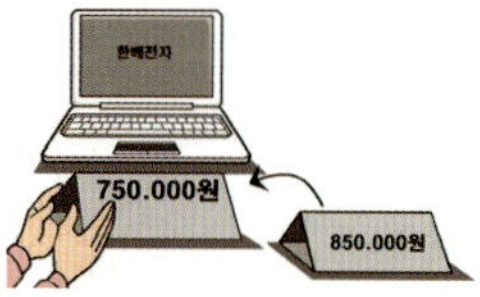

(2)

전월 단가	5.000원
금월 단가	5.500원

(3)

전월 단가	700원
금월 단가	600원

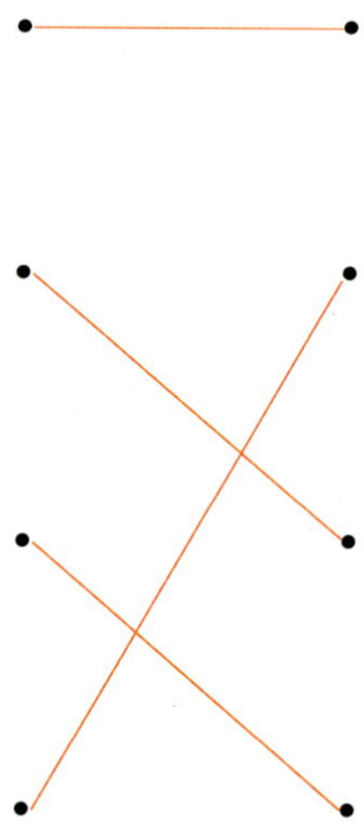

가격을 올리다

단가를 낮추다

가격을 내리다

단가를 높이다

2. (1) (많이) 상승해서
   (2) 책정될 것입니다
   (3) 협상한

문법 연습1

1. (1) 기태 씨는 음식을 좋아할 뿐만 아니라 많이 먹어요
   (2) 우리 회사는 일하기 좋을 뿐만 아니라 직원들도 친절해요
   (3) 짱 씨는 엑셀뿐만 아니라 PPT도 잘해요
   (4) 비엣비 식당은 분짜뿐만 아니라 짜조도 맛있어요

2. (1) 다낭은 바다가 예쁠 뿐만 아니라 조용해서요
(2) 추울 뿐만 아니라 바람도 심하게 부네요
(3) 재미있을 뿐만 아니라 한국 문화도 배울 수 있거든요
(4) 축구뿐만 아니라 농구도 잘한대요

문법 연습2

1. (1) 밤에 자꾸 음식을 먹다가 보면 살이 찔 거예요
(2) 컴퓨터를 오래 하다가 보면 시력이 안 좋아질 거예요
(3) 외국에서 살다가 보면 그 나라의 문화를 알게 될 거예요
(4) 맡은 일에 최선을 다하다가 보면 성공하는 날이 올 거예요

2. (1) 연습하다가 보면
(2) 사용하다가 보면
(3) 연애를 하다가 보면
(4) 함께 생각하다 보면 답을 찾을 수 있을 거예요

13과

어휘 연습

1. (1) 보여　(2) 맡긴
(3) 깨우는　(4) 올렸지만

2. (1) 채웠어요　(2) 맞혔어요
(3) 놀리지　(4) 알려

문법 연습1

1. (1) 요리사가 국을 끓였어요
   (2) 의사가 환자를 살렸어요
   (3) 제가 휴지통을 비웠어요
   (4) 과장님이 나에게 일을 맡겼어요
   (5) 아빠가 아들의 손을 씻겼어요
   (6) 어머니가 아기를 침대에 눕혔어요
   (7) 미용사가 손님의 머리를 감겼어요

2. (1) 맞혔어요. (2) 붙여 (3) 늦춰야겠네요. (4) 먹이는

문법 연습2

1. (1) 운동이야말로 (2) 음식이야말로 (3) 담배야말로 (4) 서울이야말로

2. (1) 가: 부산이야말로 한국 최고의 여행지예요
   나: 그래요? 제주도야말로 제일 좋은 여행지가 아닌가요
   (2) 가: 한국에서는 봄이야말로 계절의 여왕이라고 할 수 있어요
   나: 아니죠, 단풍이 멋있는 가을이야말로 가장 아름다운 계절이에요
   (3) 가: 강남이야말로 서울에서 사람이 제일 많이 오는 곳이지요
   나: 저는 명동이야말로 사람이 가장 많이 모이는 장소라고 생각하는데요

14과

어휘 연습

1. (1) 눈이 빠지게 기다렸어요
   (2) 눈에 띄어요
   (3) 눈앞이 캄캄했다
   (4) 눈코 뜰 새가 없이

2. (1) 눈에 불을 켜고
   (2) 제 눈에 안경이라는 말이 있잖아요
   (3) 눈길을 끌고 있어요

문법 연습1

1. (1) 급한 일이 있나 봐요
   (2) 기분이 안 좋은가 봐요
   (3) 회의가 취소됐나 봐요

2. (1) 배가 아픈가 봐요.
   (2) 텔레비전이 아주 재미있나 봐요.
   (3) 회사에 늦었나 봐요.

문법 연습2

1. (1) 부르던가요, 좋던데요
   (2) 재미있던가요, 오던데요
   (3) 좋던가요, 흐리던데요
   (4) 크던가요, 많던데요

2. (1) 가: 새로 나온 휴대폰이 비싸던가요
   나: 가격은 비싸지만 성능은 좋던데요
   (2) 가: 지난주에 방문한 거래처 사무실은 멀던가요
   나: 네. 버스로 세 시간 걸리던데요
   (3) 가: 출장 다녀온 도시는 복잡하던가요
   나: 아니요. 사람도 적고 조용하던데요

15과

어휘 연습

1.

[보기]	소비자	어떤 목적을 두고 서로 이기려고 하는 사람
(1)	초보자	직업이 없거나 취업의 기회를 잃어버린 사람
(2)	경쟁자	돈을 내고 물건이나 서비스를 이용하는 사람
(3)	실업자	어떤 일을 처음 시작하는 사람

2. (1) 담당자
   (2) 대상자
   (3) 생산자

문법 연습1

1. (1) 휴대폰 가격이 비싼데도 잘 팔려요
   (2) 내 동생은 방학인데도 매일 학교에 가요
   (3) 수리를 받았는데도 전원이 안 켜져요
   (4) 저녁을 먹었는데도 계속 배가 고파요

2. (1) 김 대리님은 베트남에 오래 살았는데도 베트남어를 잘 못해요
   (2) 회식이었는데도 술을 많이 안 마셨어요
   (3) 준비를 많이 했는데도 너무 떨려요
   (4) 기능이 많은데도 가격이 비싸지 않아요

문법 연습2

1. (1) 전력 소모로 인하여 (2) 잘못된 식습관으로 인하여
   (3) 장학 사업으로 인하여 (4) 대기 오염으로 인하여

2. (1) 폭설로 인해서 (2) 신제품 출시로 인해서
   (3) 고급화 전략으로 인해서

16과

어휘 연습

1.

[보기]	손이 크다 •	•	어려운 일이 해결되어 마음이 편해요.
(1)	손에 땀을 쥐다 •	•	누가 이길지 모르는 흥미진진한 경기를 보고 있어요.
(2)	발 뻗고 자다 •	•	어머니는 항상 음식을 많이 만들어요.
(3)	발이 넓다 •	•	이 과장님은 아는 사람이 아주 많아요.

(손이 크다 — 어머니는 항상 음식을 많이 만들어요. / 손에 땀을 쥐다 — 누가 이길지 모르는 흥미진진한 경기를 보고 있어요. / 발 뻗고 자다 — 어려운 일이 해결되어 마음이 편해요. / 발이 넓다 — 이 과장님은 아는 사람이 아주 많아요.)

2. (1) 손발이 맞을 (2) 발 벗고 나서거든요 (3) 발등에 불이 떨어졌어요.

문법 연습1

1. (1) 라면은 맛있는 반면에 건강에 좋지 않아요
   (2) 그 수업은 지루한 반면에 배울 것이 많아요
   (3) 나는 축구를 좋아하는 반면에 여자 친구는 야구를 좋아해요
   (4) 오빠는 아침을 언 먹는 반면에 언니는 아침을 꼭 챙겨 먹어요

2. (1) 시간 약속은 잘 안 지키는 반면에 성격은 좋아요
   (2) 크고 깨끗한 반면에 책이 다양하지 않아요
   (3) 불친절한 반면에 음식이 정말 맛있지 않아요
   (4) 차를 사니까 출퇴근하기가 편한 반면에 돈이 많이 들어요

문법 연습2

1. (1) 커피를 많이 마셨더니 (2) 에어컨을 켜고 잤더니
   (3) 오랫동안 운전을 했더니 (4) 한동안 운동을 안 했더니

2. (1) 야근을 했더니 (2) 과일도 많이 먹고 푹 쉬었더니
   (3) 길을 물었더니 (4) 짱 씨 일을 조금 도와줬더니

17과

어휘 연습

1.

[보기]	영상	영하
(1)	상사	부하 직원
(2)	상승	하락
(3)	상위권	하위권

2. (1) 하반기 (2) 부하 직원이 (3) 상승

문법 연습1

1. (1) 결심대로 (2) 말씀대로
   (3) 사실대로 (4) 사용 설명서대로

2. (1) 부모님이 말하는 대로 배우지요
   (2) 제가 하는 대로 따라해 보세요
   (3) 지난번에 배운 대로 만들었어요
   (4) 연습한 대로 하면 잘할 수 있을 거예요

문법 연습2

1. (1) 이 컴퓨터는 가벼운 데다가 필기 기능까지 있어요
   (2) 투안 씨는 노래를 잘 부르는 데다가 춤도 잘 춰요
   (3) 짱 씨는 메모를 자주 하는 데다가 기억력도 좋은 편이에요

2. (1) 기온이 높은 데다가
   (2) 밥을 많이 먹은 데다가
   (3) 가격이 싼 데다가

18과

어휘 연습

1. (1) 식품 (2) 수출품 (3) 작품 (4) 기성품

2. (1) 불량품 (2) 제품 (3) 사은품

문법 연습1

1. (1) 싫어하실 텐데 (2) 더울 텐데
   (3) 부족할 텐데 (4) 있을 텐데

2. (1) 가: 배가 고플 텐데 빵 좀 드릴까요
   나: 아니에요, 지금 먹으면 이따가 저녁을 못 먹을 텐데 좀 참을래요
   (2) 가: 돈이 없을 텐데 제가 밥 살게요
   나: 괜찮아요. 제가 살게요
   (3) 가: 한국어가 어려울 텐데 제가 좀 도와 드릴까요
   나: 정말요? 바쁘실 텐데 도와 주셔서 감사합니다

문법 연습2

1. (1) 앉아서 쉬지 그래요
   (2) 맞추지 그래요
   (3) 이사하지 그래요
   (4) 공부를 시작하지 그래요

2. (1) 가져오지 그랬어요
   (2) 야식을 참지 그랬어요
   (3) 말하지 그랬어요
   (4) 닫고 자지 그랬어요

19과

어휘 연습

1. (1) 죄송합니다
   (2) 짧았습니다
   (3) 사과드립니다
   (4) 주의하겠습니다

문법 연습1

1. (1) 샤워하느라고
   (2) 이야기하느라고

2. (1) 보고서를 쓰느라고
   (2) 음악을 듣느라고
   (3) 길을 찾느라고
   (4) 외근을 다녀오느라고

문법 연습2

1. (1) 외식을 줄일 수밖에 없어요
   (2) 계산할 수밖에 없었다
   (3) 취소할 수밖에 없다
   (4) 택시를 탈 수밖에 없다

2. (1) 먹을 수밖에 없었다
   (2) 병원에 갈 수밖에 없었다
   (3) 공부할 수밖에 없다
   (4) 청소를 할 수밖에 없다

20과

어휘 연습

1. (1) 신제품이 (2) 신기술 (3) 신소재로

2. (1) 신규 (2) 신축 (3) 신형 (4) 신출내기가

문법 연습1

1. (1) 회사 생활은 할수록 익숙해져요
   (2) 유미 씨는 같이 지낼수록 매력이 느껴져요
   (3) 사랑은 나눌수록 커져요
   (4) 이 노래는 들을수록 기분이 좋아져요

2. (1) 이 책은 읽을수록 재미있어요
   (2) 만날수록 좋은 사람인 것 같아요
   (3) 쓸수록 편해질 거예요
   (4) 친할수록 예의를 지켜야 하는데….

문법 연습2

1. (1) 일이 많아서 제시간에 퇴근을 못 할지도 몰라요
   (2) 제 친구는 고향에서 벌써 결혼했을지도 몰라요
   (3) 다음 주 거래처와 회의에서 계약이 잘 될지도 몰라요
   (4) 저 두 사람은 우리가 모르게 사귀는 사이일지로 몰라요

2. (1) 가면 기차를 탈 수 있을지도 몰라요
   (2) 연예인을 만날지도 모르겠네요
   (3) 정말 잘될지도 몰라요
   (4) 어딘가 다른 나라에서 살고 있을지도 몰라요

21과

어휘 연습

1. (1) 말 한마디로 천 냥 빚을 갚는다
   (2) 공든 탑이 무너지랴
   (3) 등잔 밑이 어둡다

2. (1) 백지장도 맞들면 낫다고
   (2) 티끌 모아 태산이라는
   (3) 천 리 길도 한 걸음부터라고

문법 연습1

1. (1) 기태 씨가 술을 잘 못 마신다더니 어제 회식 때 보니 많이 마시더라고요
   (2) 일기예보에서 오후부터 비가 내리겠다더니 비는 안 오고 덥네요
   (3) 짱 씨가 회의 시간에 늦지 말라더니 자기가 늦게 왔어요
   (4) 유미 씨가 이따가 자기하고 같이 퇴근하자더니 먼저 가 버렸어요

2. (1) 재미있다더니 정말 볼 만하던데요
   (2) 등잔 밑이 어둡다더니 가까운 데 있는데도 몰랐네요
   (3) 네, 점점 더워진다더니 정말 덥네요
   (4) 네, 베트남어를 전공했다더니 정말 유창하게 잘하더라고요

문법 연습2

1. (1) 투안 씨한테 제 비밀을 말하지 말 걸 그랬어요
   (2) 나올 때 우산을 가지고 올 걸 그랬어요
   (3) 평소에 운동을 할 걸 그랬어요
   (4) 어제 술을 조금만 마실 걸 그랬어요

2. (1) 일찍 배울 걸 그랬어요
   (2) 나도 동창회에 갈걸
   (3) 거래처를 바꾸지 말 걸 그랬어요
   (4) 좀 더 일찍 출발할걸

22과

어휘 연습

1. (1) 요구를 파악해야
   (2) 작동이 편리하다는
   (3) 가격이 적절하다
   (4) 시장을 잘 알고
   (5) 성능이 뛰어나서
   (6) 기술력이 좋은

문법 연습1

1. (1) 4분기는 3분기와 달리 영업 실적이 성장세를 기록했다
   (2) 올해는 작년과 다르게 비가 적게 오는 것 같다
   (3) 투안은 우리의 걱정과는 달리 계약을 따냈다
   (4) 신형 모델은 구형 모델과는 다르게 가벼운 무게를 자랑한다

2. (1) 보기와 다르게
   (2) 모두의 예상과는 다르게
   (3) 생각했던 것과는 달리
   (4) 기성세대와는 달리 요즘 사람들은

문법 연습2

1. (1) 눈물이 날 정도로
   (2) 모르는 사람이 없을 정도로
   (3) 배가 터질 정도로
   (4) 머리가 깨질 정도로

2. (1) 행사장이 가득 찰 정도로
   (2) 가수 뺨 칠 정도로
   (3) 밥그릇까지 먹을 수 있을 정도예요
   (4) 네. 사람들이 숨 쉬는 소리도 들릴 정도예요

23과

어휘 연습

1. (1) 만사형통 (2) 노고로
   (3) 성원을 (4) 귀빈

2. (1) 말씀이 있겠습니다
   (2) 환영해 주시기 바랍니다
   (3) 최선을 다하겠습니다
   (4) 진심으로 감사드립니다

문법 연습1

1. (1) 일해 왔습니다
   (2) 판매해 오고 있어요
   (3) 되어 갑니다
   (4) 닮아 가시네요

2. (1) 저는 이 지갑을 4년 전부터 사용해 왔어요. 오랫동안 써서 낡았지만 정이 많이 들어서 앞으로도 계속 쓸 생각입니다.
   (2) 저는 배구를 주말마다 계속 해 오고 있습니다. 어렸을 때부터 친구들과 취미로 배구를 하기 시작했는데 지금은 대회에 나갈 정도로 실력이 늘었습니다.
   (3) 제 친구 '마이'와는 10년 전부터 알고 지내 온 사이입니다. 우리는 게임을 좋아해서 같이 10년 동안 게임을 해 오고 있습니다. 정말 재미있습니다.

문법 연습2

1. (1) 되고자
   (2) 입학하고자
   (3) 높이고자
   (4) 올리고자
   (5) 승진하고자

2. (1) 실적을 향상시키고자
   (2) 홍보하고자
   (3) 짓고자

24과

어휘 연습

1. (1) 어쩐지
   (2) 퍼졌어요
   (3) 그럴 리가 없어요
   (4) 사실이래요

문법 연습1

1. (1) 이사한대서
   (2) 접수되고 있대서
   (3) 지연된대서
   (4) 떨어졌대서

2. (1) 다녀오신대서 (2) 된대서

문법 연습2

[보기] 식당에 사람이 아주 많다	조사할 게 많다
(1) 소방차가 달려가고 있다	음식이 맵다
(2) 친구의 옷이 많이 젖었다	불이 나다
(3) 황 씨가 조용하고 힘이 없다	비가 세차게 내리다
(4) 친구가 식사하면서 물을 자꾸 마시다	음식이 맛있다
(5) 책상 위에 책이 가득 쌓여 있다	어디가 아프다

1. (1) 소방차가 달려가고 있는 걸 보니 불이 난 모양이다
   (2) 친구의 옷이 많이 젖은 걸 보니 비가 세차게 내리는 모양이다
   (3) 황 씨가 조용하고 힘이 없는 걸 보니 어디가 아픈 모양이다
   (4) 친구가 식사하면서 물을 자꾸 마시는 걸 보니 음식이 매운 모양이다
   (5) 책상 위에 책이 가득 쌓여 있는 걸 보니 조사할 게 많은 모양이다

25과

어휘 연습

1. (1) 상견례　(2) 축의금
   (3) 청첩장　(4) 혼수

2. (1) ○　(2) × (주례 → 하객)
   (3) ○　(4) × (함 → 궁합)

문법 연습1

1. (1) 고향에 돌아가더라도 연락할게요
   (2) 유학 생활이 어렵더라도 포기하지 않을 거예요
   (3) 친구 결혼식은 바쁘더라도 꼭 참석할 거예요
   (4) 신제품 개발이 오래 걸리더라도 반드시 성공할 거예요

2. (1) 피곤하더라도 회식을 참석하도록 하세요
   (2) 개발되더라도 많이 비쌀 것 같은데요
   (3) 힘든 일이 많더라도 서로 이해하면서 살아요
   (4) 아무리 화가 나더라도 대화로 해결하세요

문법 연습2

1. (1) 집이 먼 만큼 일찍 출발했다
   (2) 오랜만에 신제품이 나오는 만큼 기대가 된다
   (3) 직원들이 나를 믿는 만큼 맡은 일에 최선을 다해야 한다
   (4) 한국능력시험에서 열심히 준비하는 만큼 좋은 결과가 있을 것이다

2. (1) 쉬는 만큼 잘 쉬고 싶어서요
   (2) 연습한 만큼만 하면 될 거예요
   (3) 눈물이 날 만큼 감동적이었어요
   (4) 하늘만큼 땅만큼 좋아요

집필진

김재욱 한국외국어대학교 KFL대학원장

진정란 사이버한국외국어대학교 한국어학부 교수

안정민 한국외국어대학교 KFL대학원 교수

정회란 한국외국어대학교 교양대학 전임강사

베트남어 번역 및 감수

응우옌 응옥 꿰 한국외국어대학교 외국어연수평가원 주임강사

베트남인을 위한

비즈니스 한국어 중급

초판 인쇄	2019년 7월 25일
초판 발행	2019년 8월 1일
지은이	김재욱 · 진정란 · 안정민 · 정회란
베트남어 번역 및 감수	응우옌 응옥 꿰
발행인	김인철
총괄 · 기획	가정준 Director, University Knowledge Press
편집장	신선호 Executive Knowledge Contents Creator
도서편집	박현정 Contents Creator 정준희 Contents Creator 장혜린 Contents Creator
전자책편집	인은주 e-Contents Creator
재무관리	강현주 Managing Creator
마케팅	이현진 Marketing Creator
삽화	손도영
발행처	한국외국어대학교 지식출판콘텐츠원 02450 서울특별시 동대문구 이문로 107 전화 02)2173-2493~7 팩스 02)2173-3363 홈페이지 http://press.hufs.ac.kr 전자우편 press@hufs.ac.kr 출판등록 제6-6호(1969. 4. 30)
디자인 · 편집	(주)이환디앤비 02)2254-4301
인쇄 · 제본	(주)케이프린텍 053)313-3673

ISBN 979-11-5901-448-2 14710 정가 20,000원
ISBN 979-11-5901-447-5 (세트)

HUINE은 한국외국어대학교 지식출판콘텐츠원의 어학도서, 사회과학도서, 지역학 도서 Sub Brand이다. 한국외대의 영문명인 HUFS, 현명한 국제전문가 양성(International+Intelligent)의 의미를 담고 있으며, 휴인(携引)의 뜻인 '이끌다, 끌고 나가다'라는 의미처럼 출판계를 이끄는 리더로서, 혁신의 이미지를 담고 있다.

이 책의 음원(mp3)은 한국외국어대학교 지식출판콘텐츠원 홈페이지 (press.hufs.ac.kr) – 게시판 – 자료실에서 다운받아 사용하시기 바랍니다.

베트남인을 위한

비즈니스 한국어 중급